/ENTAIRE

36402

I0035640

FACULTÉ DE DROIT DE PARIS

DE L'ÉTABLISSEMENT

ET DE

L'EXTINCTION DES SERVITUDES

Constitués par le Fait de l'Homme
en Droit Romain et en Droit Français

THÈSE

POUR LE DOCTORAT

SOUTENUE PAR

ALBERT D'HERBELOT

Avocat à la Cour impériale, Secrétaire de la Conférence des Avocats

PARIS

IMPRIMERIE ET LITHOGRAPHIE DE RENOU ET MAULDE

RUE DE RIVOLI, 144

1859

DE L'ÉTABLISSEMENT

ET DE

L'EXTINCTION DES SERVITUDES

Constitués par le Fait de l'Homme
en Droit Romain et en Droit Français

THÈSE
POUR LE DOCTORAT

L'acte public sur les matières ci-après sera soutenu,

Le Mardi 2 Août 1859, à midi et demi,

Par ALBERT D'HERBELOT

Avocat à la Cour Impériale, Secrétaire de Conférence des Avocats

Président : M. DE VALROGER, Professeur

Suffragants :
MM. PELLAT, *Doyen*,
OUDOT,
VUATRIN,
Professeurs.

M. COLMET DE SANTERRE, Suppléant.

Le Candidat répondra en outre aux questions qui lui seront
faites sur les autres matières de l'enseignement.

PARIS

IMPRIMERIE ET LITHOGRAPHIE DE RENOU ET MAULDE
RUE DE RIVOLI, 144

1859

36402

(C.)

A MON PÈRE; A MA MÈRE

———

A LA MÉMOIRE DE MON GRAND-PÈRE

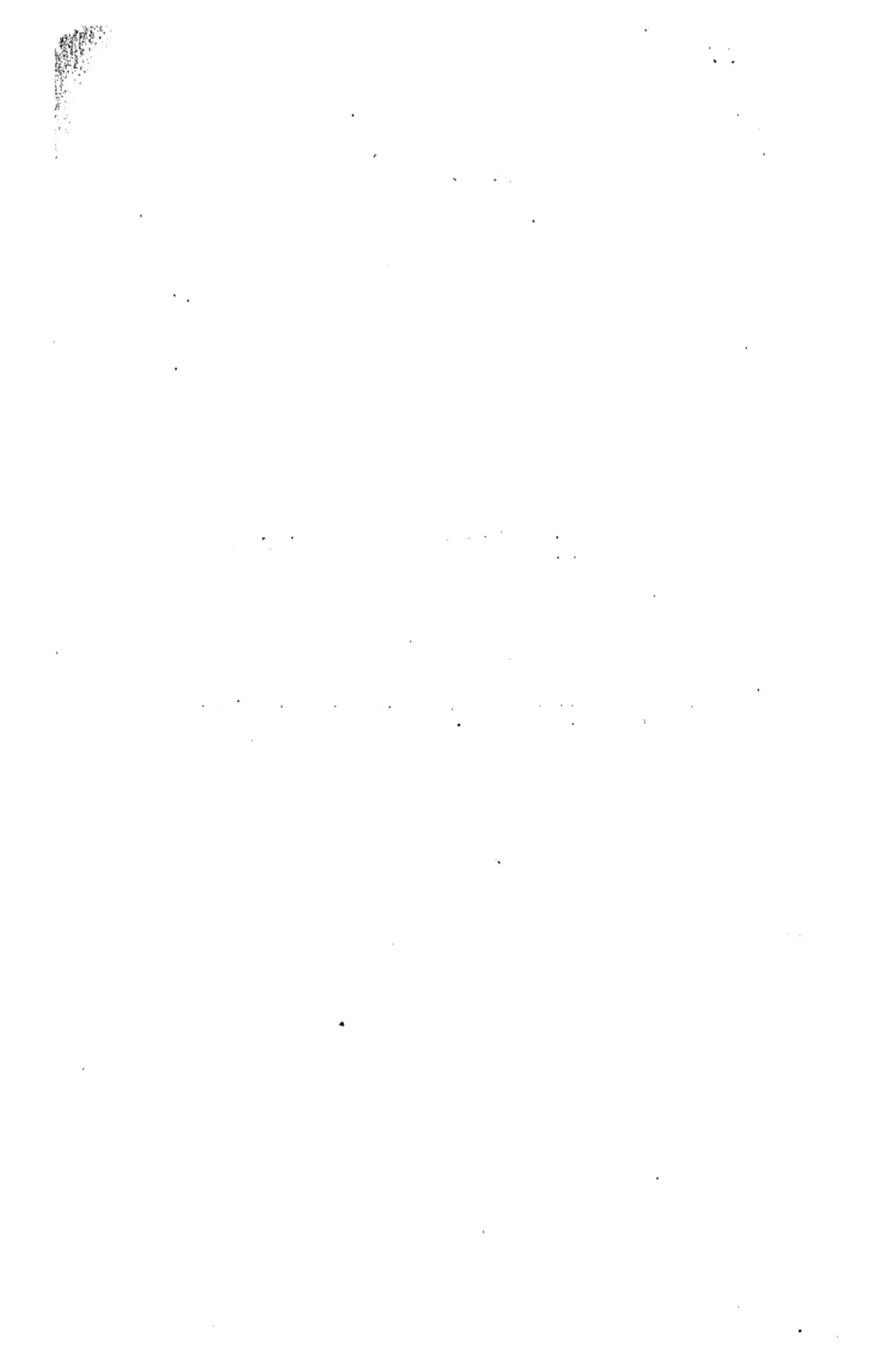

INTRODUCTION

L'histoire des servitudes réelles se confond avec celle de la propriété, dont elles forment tantôt un complément et tantôt une restriction ; chez tous les peuples, elles ont dû prendre naissance à l'époque où, la propriété étant constituée, les rapports d'industrie, de commerce ou d'un voisinage quelconque se sont établis entre les hommes. Presque tous les vieux auteurs, trompés par le nom que l'on donne à ces relations territoriales, ont écrit que les *servitudes* étaient des institutions contre nature (1). Basnage va même jusqu'à dire : « L'avarice et l'ambition ont détruit la liberté, et ont « introduit l'esclavage sur les hommes et la servitude « sur les biens (2). » Ce langage, qui s'explique par les déviations que les mœurs avaient imposées aux principes fondamentaux du droit sur l'état de la propriété, trahit cependant un défaut complet d'observation philosophique, une confusion fâcheuse entre ce qui était la règle, la condition normale et légitime, et ce qui n'était

(1) Brodeau dit, sur l'article 186 de la Coutume de Paris ; *La Constitution de la servitude sur les héritages, contraire au droit de nature, a été introduite, non par le droit des gens, comme la servitude de la personne, mais par l'autorité publique du droit civil, commun et général.*
(2) Comment. sur l'art. 607 de la Coutume de Normandie.

qu'une exception regrettable. Et en effet, cette appréciation de Basnage et de ses contemporains, fort exacte
pour l'esclavage, pour les servitudes personnelles et
même pour les servitudes réelles, telles que les entendait quelquefois le régime féodal, ne l'est certainement
pas pour l'assujettissement d'un héritage à un autre,
pour la servitude réelle telle que l'ont comprise le droit
romain et notre code civil, telle enfin que la supposent
les nécessités sociales, qui l'ont fait accepter par la législation de tous les temps.

Barbares ou civilisés, les peuples ont promptement
acquis les notions premières du droit de propriété, et
dans le principe, ce droit dut être absolu, entier, sans
restrictions et sans limites. Dispersés sur la surface de
la terre, peu nombreux, ne connaissant que le sol sur
lequel ils étaient nés et où vivait leur famille, les hommes étaient maîtres souverains de leurs domaines et indépendants les uns des autres par leurs habitudes séden-
taires et par les distances qui les séparaient. Pendant
longtemps les relations du voisinage leur restèrent in-
connues, et ils ne s'approchaient gueres que pour se
combattre. Peu à peu, ces instincts d'isolement firent
place à des besoins nouveaux, et l'on vit se former de
petites sociétés, de petites agglomérations d'individus,
unis ensemble par l'intérêt commun, soit d'un ennemi
à vaincre, soit d'un commerce à faire ; la multiplica-
tion des hommes, l'extension de leurs domaines, tout
cela fit qu'ils se rencontrèrent bientôt, et vécurent pour
ainsi dire côte à côte. L'état de la propriété en dut être
modifié, et, au principe de liberté et d'indépendance

absolue qui la régissait, devait succéder pour tous un système de restrictions fondées sur le respect dû aux droits et à la libre possession de chacun.

C'est là l'origine des servitudes.

Les premières qui durent prendre naissance furent celles que nous appelons *naturelles*, celles qui, comme le dit le Code civil, *dérivent de la situation des lieux*, et avant tout, la *servitude de bornage*.

Un jour, il s'éleva des querelles entre les pasteurs d'Abraham et ceux de Lot. Abraham dit donc à son neveu : « Qu'il n'y ait point, je vous prie, de contestation entre vous et moi, ni entre vos pasteurs et les miens, parce que nous sommes frères. Voilà tout le pays devant vos yeux. Retirez-vous, je vous prie, d'auprès de moi. Si vous allez à gauche, je prendrai la droite. Si vous choisissez la droite, j'irai à gauche ! » C'est à partir de ce jour qu'exista le bornage, la délimitation des propriétés. *La servitude de clôture* et toutes les autres servitudes naturelles devaient aussi apparaître bientôt.

Dès les temps les plus reculés, et chez tous les peuples, nous pouvons constater le soin avec lequel ces diverses servitudes étaient établies et conservées. Le respect pour les bornes qui déterminent l'étendue des héritages est commandé par Dieu lui-même : « Non assumes, « nec transferes terminos proximi tui, quos fixerunt « priores in possessione suâ » (1). La limite la plus inviolable, c'est celle que marque un tombeau, témoin

_____

(1) Deuteronome, cap. 19, v. 24.

l'histoire des frères Philènes, enterrés vivants au lieu où finissait le territoire carthaginois (1).

Les Etrusques placent aussi des tombeaux aux limites des champs; chez les Indous, on enterre des os sous la borne, et de plus quelques parcelles de toutes les choses qui sont à l'usage de l'homme. Le *Manava Dharma Sastra* (code de lois de Menou, législateur indien), exige « que le propriétaire d'un champ l'en-« toure d'une haie d'arbrisseaux épineux, par-dessus « laquelle un chameau ne puisse regarder, et qu'il bou-« che avec soin toutes les ouvertures par lesquelles « un chien ou un porc pourrait fourrer sa tête (2). »

Les Romains connurent et pratiquèrent aussi les servitudes. Ils prenaient souvent pour marquer les limites un rocher immense, et dont la masse semblait inébranlable; c'est ce qui fait dire à Virgile (3) :

Saxum antiquum, ingens, campo quod forte jacebat,
Limes agro positus.............................

D'autres fois, ils se contentaient de choisir des arbres, qui prenaient le nom d'*arbores finales*. Ils firent des bornes un dieu, appelé *Terme*, qui couvrait de sa protection les propriétés foncières. Une loi de Numa dévouait aux dieux infernaux les hommes ou les animaux qui auraient fait passer la charrue sur les limites : « *Qui terminum exarassit, ipse et boves ejus sacri sunto*(4). »
Enfin, il parait probable d'après divers passages de

(1) Salluste, Jugurtha, nº 80.
(2) Traduction de Loiseleur-Delonchamps, Strasbourg, 1830.
(3) Enéide, liv. 12.
(4) Denys d'Halicarnasse, livre 4, chap. 2.

Festus (1), de Varron (2), et de Cicéron (3), que la loi
des douze tables mentionnait les servitudes naturelles,
et en ordonnait l'établissement.

A côté des servitudes dérivant de la situation des
lieux ou ordonnées par la loi, et un peu plus tard,
prennent naissance les *servitudes établies par le fait
de l'homme.* Ce que la loi commandait dans un intérêt
public, les hommes songèrent à le faire dans un intérêt
privé ; ce fut là le résultat de conventions particulières
dont l'histoire n'a conservé que fort peu de monuments.
Mais ce qu'on y trouve avec évidence, c'est cette gradation lente et successive, qui, d'une propriété parfaitement libre à l'origine, fait une propriété asservie, non
plus seulement par la force des choses ou par la loi,
mais par la volonté des individus, et dans l'intérêt de
l'agriculture ou des relations qu'ils créent entre eux !
Cette gradation est surtout sensible dans la législation
romaine. La loi des douze tables, avons-nous dit, reconnaissait les servitudes naturelles et les servitudes
légales ; quant aux servitudes conventionnelles, l'usage
d'en établir ne se développa que postérieurement, à
mesure que l'expansion matérielle et morale de Rome
eut fait naître de nouveaux besoins et nécessité de nouvelles ressources pour ses habitants. L'agriculture est
en grande faveur ; les admirables campagnes que la
conquête a rattachées à la grande cité, le soldat devenu
laboureur va les fertiliser. Il faut lui en faciliter les

(1) Au mot *Ambitus* et an mot *Amsegetes.*
(2) Varron, *de linguá latiná*, IV, 6.
(3) Pró cæciná, par. 19.

moyens, il faut que la terre puisse donner tout ce qu'il va lui demander, il faut que sa condition soit telle que rien n'entrave la production et que tout la favorise ; et alors on permet aux propriétaires voisins de s'ouvrir mutuellement des passages sur leurs fonds pour simplifier l'exploitation, de mettre en commun leurs eaux ou de les partager avec ceux qui n'en ont pas, pour arroser les champs. Ce sont les servitudes rurales, et la loi les identifiant avec les héritages qu'elles servent à exploiter, leur fait une large part dans ses mesures de protection et de faveur. On ne parle pas encore des servitudes urbaines. Les Romains vivent dans des demeures isolées, *insulæ,* qui les rendraient inutiles ! Mais que la population s'accroisse, que de nouveaux édifices s'élèvent à côté de ceux qui existent déjà, et le code des lois romaines va s'ouvrir de nouveau, et on y insérera une nouvelle et dernière modification à l'état de la propriété.

Cet héritage, désormais complet, et qui n'avait pas été amassé *par l'avarice et par l'ambition,* mais qui était le résultat de la civilisation et du progrès, fut recueilli par les siècles suivants. Il est vrai qu'il vint une époque où *l'avarice et l'ambition* s'en emparèrent, une époque où, sous l'influence de certaines idées rétrogrades dont le principe se trouve dans le droit romain (1), l'esclavage, qui n'existait plus, fut remplacé par les servitudes. « On dit communément, dit Voltaire, « qu'il n'y a plus d'esclaves en France, et que c'est le

_____

(1) Voyez au Code, livre 11, titre 47 *de agricolis et censitis,* titre 57 *de omni agro deserto.*

« royaume des Francs.... Cependant, comment accor-
« der tant de libertés avec tant d'espèces de servitudes,
« comme par exemple celle de la main-morte (1)? »
Et ce n'était pas seulement d'une servitude personnelle
qu'il s'agissait, ce n'étaient pas les hommes seulement
qui étaient en servage, c'était la propriété foncière elle-
même ! « Baux à fief, dit Pothier, établissent des rap-
« ports de supériorité et de dépendance non-seulement
« entre les héritages, mais entre les propriétaires, et
« on avait à la fois un fief dominant et un fief servant,
« un vassal et un seigneur (2). » Cet esclavage de la
terre, qui n'était pas assis, comme la servitude réelle
proprement dite, sur des idées économiques pleines de
sagesse, mais qui compromettait, au contraire, et rui-
nait les intérêts qu'il aurait dû sauvegarder, cette violation des droits les plus légitimes, disparurent avec la
Révolution, et le principe de liberté fut proclamé pour
les héritages comme pour les hommes, par la loi des
28 septembre et 16 octobre 1791 (3). Notre Code civil
est conçu dans le même esprit. La servitude réelle
n'implique plus aujourd'hui aucune idée de supériorité
d'un domaine sur un autre. C'est une manière d'être
de la propriété, manière d'être qui varie suivant que
l'exigent les relations de voisinage, l'intérêt de l'industrie ou de l'agriculture.

A un point de vue plus spécialement juridique, l'histoire des servitudes n'offre qu'un très-faible intérêt.

(1) Diction. philosophique. Vo Esclavage, no 4.
(2) Introduction à l'article 13 de la Coutume d'Orléans.
(3) Tit. 1, art. 1.

Pour nous en tenir aux *servitudes établies par le fait de l'homme,* les seules dont nous ayons entrepris l'étude, il faut reconnaître qu'à leur égard les législations positives n'ont presque pas subi de variations. Ce que le droit romain avait fait, notre ancien droit français l'a fait après lui, et le Code civil n'a pas eu davantage la prétention d'innover. M. Berlier l'a solennellement reconnu dans l'*exposé des motifs* du titre qui va nous occuper. Aux trois époques culminantes à nos yeux, dans l'histoire du droit, c'est-à-dire à Rome, dans la vieille France, et dans la France de 1804, les modes d'établir ou d'éteindre les servitudes sont à peu près les mêmes, et s'il existe quelques différences, elles sont trop insignifiantes pour que nous ayons cru devoir nous en occuper dans cette introduction; nous préférons les signaler dans le cours de notre travail.

Il est assez probable que, dans le principe, le titre fut le seul moyen reconnu pour constater l'accord des parties en vue de l'établissement d'une servitude : « Servitude est contre nature..... et ne s'acquiert pas « légèrement ; comme il ne serait pas raisonnable que « si j'ai un pré ou un fonds que je tiendrais fossoyé et « fermé, que néammoins soubs prétexte qu'il sera « près d'une ville ou autre part, on y entre pour y re- « paître le bétail, ou y prendre passage, pour accour- « cir le chemin ou se promener, on me le rende ser- « viable...... Telle servitude sans tiltre et sans droict « ne pourroit subsister » (1). Tous les autres modes

(1) Remarques du droit françois, par un sçavant et fameux advocat au parlement de Tolose, naguères décédé. (Lyon, 1514.)

qui furent admis plus tard ne sont, pour ainsi dire, que des dérivés de ce moyen primordial, que des formes variées de constater le consentement des personnes intéressées, consentement présumé ou exprimé, mais sans lequel la servitude ne peut pas exister.

Quant à l'établissement des servitudes par la prescription, c'est le seul point sur lequel les législations présentent des divergences assez nombreuses et assez saillantes pour que nous devions en dire un mot. A Rome, il semblait que la loi des douze tables fût exclusive de ce mode d'établissement, puisqu'elle ne reconnaissait comme susceptible de possession et d'usucapion que les choses corporelles, et que les servitudes sont des choses incorporelles. C'est, en effet, ce que décident une foule de textes, soit juridiques, soit historiques : « Possessio est usus quidam agri, aut ædificii, « non ipse fundus aut ager. Non enim possessio est « nisi in rebus quæ tangi possunt » (1). Cependant cette jurisprudence antique et rigoureuse fut désertée, et Cicéron, dans son plaidoyer pour Cæcina, qui est un véritable et limpide traité des servitudes, se plaint vivement que les jurisconsultes aient introduit l'usucapion à leur égard contre les termes de la loi des douze tables (2).

La prohibition d'acquérir les servitudes par l'*usucapio* ne fut, selon toute apparence, rétablie que postérieurement par une loi *Scribonia*. On a publié des volumes entiers sur cette loi, sans que la lumière se soit

_____

(1) Ælius Gallus, sur Festus, vᵒ *Possessio*.
(2) Par. 26.

faite autour d'elle, et sans que l'on ait pu préciser l'époque où elle fut portée et le nom de son auteur ; nous ne voulons rappeler que sommairement ces controverses : Cujas, Hofmann et Baudoin pensent que cette loi est une loi tribunitienne, parce que Cicéron (1) et Tite-Live (2) parlent d'un certain Scribonius qui fut tribun du peuple. Cette opinion n'est pas généralement admise. On ne connaît de ce Scribonius qu'une loi sur la liberté de la Lusitanie, qui n'a point trait à la question ; et, de plus, il n'est pas probable que la loi Scribonia soit antérieure à Cicéron, puisque nous venons de dire que dans un de ses plaidoyers il se plaignait de l'inconvénient auquel cette loi a remédié. Cette loi doit être plutôt une loi consulaire, ayant pour auteur un Scribonius, consul. On pourrait objecter qu'une loi consulaire devait porter le nom des deux consuls sous la magistrature desquels elle était rendue; mais on sait que cette coutume n'était pas toujours exactement suivie, et on peut donner des exemples de semblable irrégularité, même dès les commencements de la République. C'est ainsi que les *leges Valeriæ* ne rappellent que le nom de Valerius Publicola, à l'exclusion de celui de Brutus, son collègue (3).

Au surplus, même parmi les auteurs qui sont d'accord sur ce point, et qui placent la loi Scribonia après le temps où vivait Cicéron, toutes les difficultés ne sont

---

(1) *In Bruto*, par. 23.
(2) Epitome.
(3) La dernière de ces *leges Valeriæ* ordonnait que les centuries fussent assemblées pour juger les affaires criminelles.

pas résolues, toutes les controverses ne sont pas éteintes; elles se raniment lorsqu'il s'agit de désigner la date de la loi, et le consul qui l'a présentée. Galvanus (1) pense que c'est Lucius Scribonius Libo, qui fut consul avec Antoine en 719 de Rome. Rævard, l'un de ceux qui ont composé un traité complet sur la question (2), pense que ce ne fut que le petit-fils de celui-ci, Lucius Scribonius Libo, qui fut consul sous Tibère, l'an de Rome 768.

Quoi qu'il en soit, l'existence de cette loi ne peut être révoquée sérieusement en doute, et il est bien certain que c'est elle qui a supprimé pour les servitudes la possibilité d'une acquisition par la prescription (3).

La loi Scribonia, sauf les modifications qu'elle avait reçues du droit prétorien, était encore en vigueur sous Justinien; mais elle fut abrogée par une constitution de ce prince (4), qui admettait la prescription tant à l'égard des choses incorporelles que des choses corporelles.

Dans notre droit coutumier, on voit se refléter avec une variété pour ainsi dire infinie tous les systèmes successivement admis et repoussés par le Droit romain. Quelques coutumes, celles de Douai (5) et d'Artois (6) notamment, admettaient la prescription pour toutes les servitudes sans distinction. D'autres, la coutume de

(1) *De usufructu*, chap. 12.
(2) *Ad legem Scriboniam*.
(3) Loi 14, par. 20, *de usurp. et usucap.* Paul.
(4) Code, livre 7, titre 33, loi 12.
(5) Chap. 9, art. 2.
(6) Art. 72.

Lorraine (1), par exemple, admettaient que la prescri-
tion pût établir certaines servitudes et non certaines
autres; enfin, plusieurs coutumes rejetaient absolu-
ment la prescription pour toutes les servitudes, et, adop-
tant dans leur intégralité les principes de la loi Scribonia, professaient cette maxime : *Nulle servitude
sans titre !* Telles étaient les coutumes de Paris (2) et de
Normandie (3). Enfin on peut ajouter que le plus
grand nombre de ces coutumes différaient les unes des
autres sur des points secondaires, sur la durée, par
exemple, de la prescription, ou sur la nécessité du
titre (4).

Le Code civil mit un terme à toutes ces hésitations,
rétablit généralement le droit de Justinien, et maintenant toutes les servitudes peuvent s'acquérir par la
prescription (5).

Qu'on nous permette une réflexion, en terminant cet
aperçu historique de notre sujet. L'intérêt de cette
étude est uniquement un intérêt pratique. Nous
n'avons eu à soulever aucune de ces grandes questions

(1) Titre 14, art. 4.
(2) Art. 186.
(3) Art. 607.
(4) Voici, d'après Merlin, l'indication des coutumes qui rejetaient la prescription des servitudes d'une manière absolue, comme la coutume de Paris.
C'étaient les coutumes de Bayonne, de Calais, de Cambrai, de Clermont en
Beauvoisis, de Crespy, de Dourdan, de Lille, de Limoges, de Montfort-
l'Amaury, d'Orléans, de Sedan, de Tournai et de Troyes. — Admettaient
au contraire la prescription des servitudes, suivant certaines distinctions,
les coutumes de Bar, du Berri, de Meaux, de Bretagne, de Bourbonnais,
de Gorze, du Nivernais, de Saint-Mihiel, d'Andenarde, de Clermont, de
Courtrai, de Gand, de Mantes, d'Anjou, etc., etc. Merlin a fait un travail très-complet sur les divers systèmes adoptés par ces coutumes.
(5) Art. 690.

que les principes du droit ne peuvent résoudre que de
concert avec les lumières de la philosophie et de la morale : la raison, le bon sens et les textes, voilà seulement ce que nous avons eu à consulter. Peut-être cependant cette matière, pleine de difficultés contre lesquelles chacun de nous peut venir se heurter tous les
jours, et dont la solution intéresse au plus haut point la
grande et la petite propriété, l'agriculture et l'industrie, ne semblera-t-elle pas tout à fait indigne de l'at-
tention que nous l avons donnée.

DROIT ROMAIN

CHAPITRE Ier

PRÉLIMINAIRES

De même qu'un homme, disait un savant professeur de cette Faculté (1), est esclave, *lorsqu'il doit obéir à un maître, de même une chose peut être considérée comme esclave, lorsqu'un autre que son propriétaire a le droit d'en tirer profit.* Alors cette chose est esclave, *servit.* De là est venu le mot de *servitudes.*

Nous ne nous occuperons ici que des servitudes réelles, et avant de rechercher par quels modes elles peuvent s'acquérir ou s'éteindre, nous établirons quelques principes généraux.

Les servitudes prédiales, ainsi nommées parce qu'elles ne peuvent exister *sine prædiis,* sont souvent désignées par cette expression générique, *servitudes,* et ce sont en effet les servitudes proprement dites. On peut les définir : Un démembrement de la propriété,

(1) M. Demangeat, à son cours.

un droit réel établi sur un immeuble pour l'utilité ou l'agrément d'un immeuble appartenant à un autre propriétaire.

Les caractères distinctifs des servitudes prédiales, ceux qui ne permettent pas de les confondre avec les servitudes personnelles, sont les suivants :

1° Elles appartiennent au droit civil ; — les servitudes personnelles appartiennent au droit prétorien.

2° Elles ont nécessairement pour objet des immeubles, à la différence des servitudes personnelles qui peuvent s'appliquer à des objets mobiliers. Pour que la servitude puisse être établie, il faut deux fonds, l'un sur lequel, l'autre en faveur duquel la servitude existera ; on n'en peut établir sur les choses publiques ou sacrées, *quia*, dit Javolenus, *id quod humani juris esse desiit, servitutem non recipit*. Ces deux fonds doivent de plus être suffisamment rapprochés pour rendre possible la relation légale. La contiguïté absolue n'est pas exigée, et la nature du droit doit indiquer dans chaque cas particulier quelle est, à cet égard, la règle à suivre.

3° L'avantage au profit de l'ayant droit à une servitude prédiale peut varier à l'infini ; l'avantage résultant d'une servitude personnelle est au contraire restreint. Quand on parle d'un droit de superficie, d'emphytéose, d'hypothèque, l'énonciation seule du droit indique sa nature ; mais si un homme, propriétaire de deux maisons, aliène l'une d'elles, en déclarant constituer une servitude au profit de son acquéreur sans spécilier laquelle, le droit de cet acquéreur reste incertain (1).

4° Toute servitude est étroitement et indissolublement attachée à un sujet, à un immeuble dont on ne peut la séparer ; elle devient une qualité du fonds dominant, et elle ne cessera qu'avec ce fonds. Il n'en est pas de même des servitudes personnelles.

Les servitudes peuvent être considérées soit au point de vue actif, c'est-à-dire par rapport à ceux auxquels elles appartiennent, soit au point de vue passif, c'est-à-dire par rapport à ceux qui les doivent ou les subissent. Au point de vue actif, les unes sont *positives*, les autres *négatives* (2). Au point de vue passif, les unes consistent *in patiendo*, les autres *in non faciendo* (3). Le propriétaire du fonds A a le droit de passer sur le fonds B ; la servitude est positive pour le propriétaire du fonds A, et elle consiste *in patiendo* pour le propriétaire du fonds B. A l'inverse, le propriétaire du fonds A a la servitude *non œdificandi* sur le propriétaire du fonds B ; cette servitude est négative à l'égard du propriétaire du fonds dominant, et elle consiste *in non faciendo* à l'égard du propriétaire du fonds servant.

Une autre division des servitudes, la seule que les

---

(1) *In tradendis unis œdibus, ab eo qui binas habet, species servitutis exprimenda est. Ne, si generaliter servire dictum est, aut nihil valeat, quia incertum sit quœ servitus excepta sit, aut omnis servitus imponi debeat.* (Dig. livre 8, titre 4, loi 7 princip., fragm. de Paul.)

(2) Cette division ne ressort pas positivement des textes, mais elle se trouve dans la nature même des choses.

(3) Même observation.

Romains aient indiquée explicitement, distingue les servitudes urbaines et les servitudes rurales. L'importance de cette division est multiple, et se présente surtout sous trois aspects différents :

1° Les servitudes des fonds ruraux sont des *res mancipi*, tandis que les servitudes des fonds urbains sont des *res nec mancipi* (1): Cette utilité a disparu sous les innovations de Justinien avec la distinction entre les choses *mancipi* et les choses *nec mancipi*.

On peut se demander comment, malgré leur nature de choses incorporelles, malgré les solennités de la mancipation inapplicables ici, du moins en partie, puisque les servitudes ne peuvent être appréhendées avec la main, et que cette appréhension est exigée impérieusement, on peut, disons-nous, se demander comment les servitudes avaient été rangées parmi les choses susceptibles de la mancipation. L'explication la plus probable de cette exception, c'est que les Romains, dans l'intérêt de l'agriculture, qui jouissait auprès d'eux d'une si grande considération, sentirent de bonne heure l'utilité, la nécessité de créer les servitudes de fonds ruraux, et qu'ils s'empressèrent de les comprendre parmi les choses les plus précieuses pour eux, *pretiosioribus rebus* (2); ils n'aperçurent que plus tard et vers l'époque où la mancipation commença à tomber en désuétude les avantages qui peuvent résulter

---

(1) *Mancipi res*, dit Ulpien, *sunt prædia in Italico solo, tam rustica, qualis est fundus, quam urbana, qualis domus, tam jura prædiorum rusticorum velut via, iter, actus, aquæductus.* (*Regul. juris*, titre 19, par. 1.)

(2) Gaïus. Commentaires, I, par. 192.

des servitudes de fonds urbains, leurs maisons à l'origine n'étant pas contiguës, mais étant au contraire distantes et isolées, *insulæ* (1), et ne pouvant engendrer des relations d'asservissement ou de domination (2).

2° Les servitudes urbaines étant continues, ne s'éteignent pas par le non-usage seul, prolongé durant un certain temps ; il faut encore que le propriétaire du fonds servant qui veut se libérer fasse quelque chose qui rende impossible l'exercice de la servitude. *Alioquin, si nihil novi feceris, retineo servitutem* (3). Les servitudes rurales, au contraire, sont discontinues ; le non-usage suffit pour les éteindre. *Servitutes prædiorum rusticorum:... tales sunt servitutes, ut non habeant certam continuamque possessionem. Nemo enim tam perpetuo tamque continenter ire potest, ut nullo momento possessio ejus interpellari videatur* (4). Le temps fixé pour l'extinction par le non-usage est de deux ans. La continuité des servitudes urbaines, la discontinuité des servitudes rurales avaient encore amené cette différence entre elles, que les premières se conservaient par la quasi-possession, comme d'elles-mêmes, et sans aucun fait de l'homme. *Servitutes quæ in superficie consistunt possessione retinentur... quia in tuo aliquid utor, et sic quasi facto possideo* (5), tandis qu'il n'en est pas de même des servitudes rurales.

(1 et 2) M. Ortolan, Généralisation du droit romain, n° 42.
(3) Dig , livre 8, titre 2, loi 6. Gaïus.
(4) Dig., livre 8, titre 1, loi 14, princip. Paul.
(5) Dig., livre 8, titre 2, loi 20, princip. Paul

3° Enfin, les servitudes rurales peuvent être hypothéquées; les servitudes urbaines ne le peuvent pas : *Jura prædiorum urbanorum pignori dari non possunt. Igitur nec convenire possunt, ut hypothecæ sint* (1). Remarquons que toutes les servitudes peuvent être hypothéquées avec le fonds dont elles dépendent ; pour apprécier la différence que nous signalons, il faut donc se placer dans la situation suivante : Propriétaire d'un fonds, je veux emprunter de l'argent à un tiers et devenir son débiteur, mais ce tiers ne consent à devenir mon créancier qu'en obtenant une sûreté réelle; j'y consens, mais je ne veux pas hypothéquer mon fonds tout entier ; je puis alors, s'il s'agit d'une servitude rustique, donner pour sûreté une servitude à prendre sur mon fonds, c'est-à-dire que, faute de remboursement, je permets à mon créancier de faire ce que je pourrais faire comme propriétaire, grever mon fonds d'une servitude. Parmi mes voisins, mon créancier aura à chercher celui qui pourra disposer de la somme la plus forte pour acquérir la servitude, et il pourra la lui vendre. S'il n'en est pas de même pour une servitude urbaine, c'est qu'elle ne peut convenir qu'à un ou deux voisins, et qu'alors les créanciers n'auraient véritablement qu'une sûreté illusoire, puisqu'il n'y aurait que très-peu d'enchérisseurs. Les servitudes rurales peuvent, au contraire, être achetées par un plus grand nombre de personnes.

L'intérêt de cette distinction étant démontré, il reste à préciser la distinction elle-même, et à dire dans quels

(1) Dig., livre 20, titre 2, fragm. 11, par. 3. Marcian.

cas les servitudes sont urbaines et dans quels cas elles
sont rustiques ; mais les textes contradictoires que nous
avons à considérer rendent ce point fort délicat.

Et d'abord il faut se fixer sur le sens que les mots
fonds ruraux et *fonds urbains* ont en général. « Lors-
« qu'il ne s'agit que de connaître la nature de l'immeu-
« ble lui-même, il est hors de doute qu'on appelle pro-
« priétés rurales, non-seulement les champs, mais en-
« core les bâtiments qui y sont construits pour leur ex-
« ploitation, comme on nomme propriétés urbaines,
« non-seulement les bâtiments de la ville, mais encore
« les cours et les jardins qui en sont l'accessoire. Cette
« règle est positivement exprimée dans les textes (1) ;
« et elle doit recevoir son application dans les ques-
« tions de droit qui dépendent de la nature de l'immeu-
« ble en lui-même, comme lorsqu'il s'agit des privilé-
« ges accordés aux propriétaires pour garantie des
« loyers, priviléges qui diffèrent, suivant qu'il s'agit de
« fonds urbains ou de fonds ruraux (2). » Cette opinion (3), que nous avons indiquée comme contredite par
un texte, s'appuie elle-même sur d'autres fragments du
Digeste (4), et nous semble, en définitive, devoir être

___

(1) *Urbana prædia, omnia ædificia accipimus, non solum ea, quæ
sunt in oppidis, sed et si forte stabula sunt, vel alia meritoria in villis
et in vicis..... Quia urbanum prædium non locus facit, sed materia.* (Dig.,
livre 50, titre 16, loi 198, Ulpien.) Ce texte paraît donner un démenti à
l'opinion que nous indiquons, et je crois qu'il faut bien en effet le reconnaître.

(2) Dig. livre 20, titre 2, loi 4, princip. Neratius.

(3) M. Ortolan, Explication historique des Institutes, livre 2, titre 3,
pag. 410.

(4) *Fundi appellatione omne ædificium et omnis ager continetur; sed in
usu urbana ædificia ædes, rustica villæ dicuntur.* (Dig. livre 50, titre 16,

adoptée par rapport à la distinction des fonds entre eux.

Plus spécialement et quant aux servitudes, la question est encore plus douteuse, au moins par les textes; mais il nous semble que la réflexion et l'observation de ce qui est en réalité amèneront sûrement une décision pour ainsi dire évidente. Pour apprécier la nature des servitudes, il faut distinguer soigneusement le sol et la superficie, c'est-à-dire d'une part le terrain et d'autre part tout ce qui s'élève au-dessus. C'est à la superficie que se rapporte le caractère des servitudes urbaines, et au sol celui des servitudes rurales, et cela tant à la ville qu'à la campagne : *Cæterum, et si in villa ædificia sunt, atque servitutes urbanorum prædiorum constitui possunt* (1). Cette règle est la seule certaine, et c'est pour l'avoir méconnue que divers interprètes sont ici tombés dans de graves erreurs (2).

Quelques commentateurs ont voulu distinguer les bâtiments d'exploitation d'avec ceux qui seraient destinés au logement des personnes. Un texte d'Ulpien paraît autoriser cette interprétation : *Urbanum prædium non locus facit, sed materia* (3). Ainsi la même servitude serait tantôt urbaine, tantôt rurale, suivant que le toit, par exemple, s'il s'agit *du jus tigni immit-*

---

loi 211. Florentin). — *Stabula quæ non sunt in continentibus ædificiis, quorum prædiorum ea numero habenda sint, dubitari potest. Et quidem urbanorum sine dubio non sunt, cum a cæteris ædificiis separata sint.* (Dig., livre 20, titre 2, loi 4, par. 1. Neratius.)

(1) Dig., livre 8, titre 4, loi 1 princip. Ulpien.

(2) M. Ortolan, t. I, p. 410.

(3) Dig., livre 50, titre 16, loi 198.—Nous avons déjà cité ce texte.

tendi, d'où tombent les eaux, couvrirait soit une habitation, soit un bâtiment destiné à un usage agricole. Tel ne peut être le sens de la distinction que nous trouvons dans le Digeste, et qui, réduite à ces termes, n'aurait plus aucune raison d'être et serait privée à peu près de toute utilité (1). Je ne pense pas qu'Ulpien ait attaché cette portée au passage que nous avons cité; il ne traitait pas une question de servitude, et se demandait simplement ce qu'il faut entendre à un point de vue général par *fonds urbains et fonds rustiques*. A cet égard, il était en contradiction, et à tort, avons-nous dit, avec un passage de Florentin (2) et un passage de Neratius (3).

Il ne faut pas non plus s'attacher au caractère du fonds dominant pour déterminer la nature de la servitude. En effet, le droit de passage, le droit d'aqueduc, sont toujours placés par les textes parmi les servitudes de fonds ruraux : *Jura prædiorum rusticorum, velut via, iter, actus, aquæductus* (4). *Rusticorum prædiorum jura sunt hæc : iter, actus, via, aquæductus* (5). Or, il y a des textes qui nous disent que ces servitudes peuvent être dues à des héritages urbains, sans ajouter que dans ce cas elles changeront de nature : *Iter nihil prohibet, sic constitui, ut quis interdiù duntaxat eat : quod ferè circa prædia urbana*

---

(1) Heinecclus, Elem. jur., n° 394.
(2) Dig., livre 50, titre 16, loi 211.—Déjà cité.
(3) Dig., livre 20, titre 2, loi 4, par. 1.—Déjà cité.
(4) Ulpien, *Regul. juris*, titre 19, par. 1.
(5 Instit. de Just., livre 2, titre 3, princip.—Encore : *Servitutes rusticorum prædiorum sunt hæc : iter, actus, aquæductus.* (Dig., livre 8, titre 3, loi 1, princ.)

etiam necessarium est (1). *Si domo meâ altior area tua esset, tuque mihi per aream tuam in domum meam ire, agere cessisti, nec ex plano aditus ad domum meam per aream tuam esset, vel gradus, vel clivos, propius januam meam jure facere possum, dum ne quid ultra quam quod necesse est itineris causa demoliar* (2). Donc de ce qu'une servitude est due à un héritage urbain il n'en faut pas conclure qu'elle soit urbaine. D'ailleurs, ainsi que le fait remarquer Vinnius (3), ce système aurait l'inconvénient de subordonner la nature de la servitude et les conséquences importantes de cette nature à la circonstance que le fonds serait ou ne serait pas bâti. Cette opinion erronée a cependant été reproduite par notre Code dans l'article 687 : « Les servi-« tudes sont établies ou pour l'usage des bâtiments, ou « pour celui des fonds de terre. — Celles de la pre-« mière espèce s'appellent urbaines, soit que les bâti-« ments auxquels elles sont dues soient situés à la ville « ou à la campagne. — Celles de la seconde espèce se « nomment rurales. » Ainsi entendue, cette distinction n'a pu avoir aucune utilité en droit français.

Ce n'est pas davantage au fonds servant qu'il faut demander de caractériser la servitude ; les mêmes raisons qui combattaient contre l'opinion précédente, combattraient aussi contre celle-ci, du reste beaucoup

---

(1) Dig., livre 8, titre 4, loi 14. Julien.

(2) Dig., livre 8, titre 2, loi 20, par. 1. Paul.—Encore : ... *Etiam si in urbana prædia quis aquam ducere velit, hoc interdicto (de aquâ quoti-diand et æstivâ) locum habere potest.* (Dig., livre 43, titre 20, loi 1, par. 2. Ulpien.

(3) Vinnius, Comment. de Institutis, livre 2, titre 3, par. 1.

moins accréditée. Un des textes que nous avons mentionnés plus haut la repousse également : *Iter nihil prohibet, ut quis interdiù duntaxat eat, quod ferè circà prædia urbana etiam necessarium* (1). Le texte, en effet, ne dit pas seulement *en faveur des héritages urbains*, il dit *à l'égard, circà, des héritages urbains*, ce qui se peut entendre aussi bien du fonds dominant que du fonds servant.

C'est donc par le caractère même de la servitude, par ce qui est nécessaire à son existence qu'il faut déterminer la nature invariable de la servitude. Emporte-t-elle nécessairement l'idée de superficie, c'est une servitude urbaine ; peut-elle exister sur le sol nu, *in solo*, indépendamment de toute édification, c'est une servitude rurale. C'est bien là ce que nous dit le jurisconsulte Paul : *Servitutes prædiorum aliæ in solo, aliæ in superficie consistunt* (2). On trouve cependant un texte qui appelle servitudes de fonds ruraux, des servitudes qui sont très-certainement des servitudes de fonds urbains, *Rusticorum prædiorum servitutis sunt, licere altius tollere et officere prætorio vicini, vel cloacam habere licere per vicini domum vel prætorium, vel protectum habere licere* (3). Il faut avouer que ce passage de Neratius est tout à fait inexplicable, d'autant mieux qu'il est démenti, et par les Institutes, et par une autre loi du Digeste (4). Cette divergence fâ-

---

(1) Dig., livre 8, titre 4, loi 14.
(2) Dig., livre 8, titre 1, loi 3.
(3) Dig., livre 8, titre 3, loi 2.
(4) *Actio de jure prædiorum urbanorum, velui, si agat jus sibi esse altius ædes suas tollendi.* (Inst., livre 4, titre 6, par. 2).—*Urbanorum prædiorum*

cheuse ne doit pas nous arrêter et nous éloigner du principe que nous avons adopté. Ainsi les servitudes de passage, de puisage, de pacage, etc., qui se conçoivent parfaitement en dehors de toute idée de construction, sont des servitudes de fonds ruraux. La servitude d'aqueduc est indiquée par un texte comme une servitude urbaine : *Itemque de servitutibus urbanorum prædiorum per traditionem constitutis vel per patientiam, forté si per domum quis suam passus est aquæductum transduci* (1). Ce n'est évidemment qu'une exception, fondée probablement, dans cet extrait d'Ulpien, sur la circonstance que l'aqueduc devait conduire de l'eau dans une maison. Quelques auteurs n'ont pas voulu voir là une exception, et ils ont parlé d'une interpolation de Tribonien, se fondant sur ce que le même Ulpien range ailleurs la servitude *aquæductus* parmi les servitudes rustiques (2) ; mais il nous paraît plus probable qu'il y a là une exception (3). D'autres servitudes au contraire ne peuvent pas même se concevoir sans entraîner nécessairement l'idée d'une construction, d'une *superficies*. *Servitutes, quæ in superficie consistunt... si forté ex ædibus meis in ædes tuas tignum immissum habuero, aut stillicidium in tuum immissum habuero, aut stillicidium in tuum projecero* (4). Ce sont des servitudes urbaines ! Les principales servi-

---

jura talia sunt : altius tollendi et officiendi luminibus vicini. (Dig., livre 8, titre 2, loi 2. Gaius.). ·

(1) Dig., livre 6, titre 2, *de Publiciand in remactione*, loi 11, par. 1.

(2) Noodt, Comment. ad Pandectas, p. 203.

(3) M. Demangeat, à son cours.

(4) Dig., livre 8, titre 2, loi 20, princip.

tudes urbaines sont les servitudes *oneris ferendi, tigni immittendi, stillicidii recipiendi vel non recipiendi* (1), *altiùs tollendi et altiùs non tollendi* (2), *projiciendi, protegendi, fumi immittendi,* et beaucoup d'autres encore.

La servitude de ne pas bâtir peut fournir un exemple curieux de servitude de fonds urbain ; car elle peut exister sans qu'il y ait aucune construction, ni sur l'un, ni sur l'autre fonds, et son but est d'empêcher précisément toute construction de s'élever à l'avenir, de sorte que, si les deux fonds voisins sont grevés réciproquement de la même servitude, jamais ils ne pourront être bâtis; et cependant, comme il est impossible de concevoir cette servitude sans que l'idée d'une *superficies* se présente à l'esprit, c'est une servitude de fonds urbain.

Pour en finir avec ces notions préliminaires, il ne nous reste plus qu'à indiquer les trois caractères principaux qui doivent se rencontrer dans les servitudes prédiales, savoir :

1° Utilité ou agrément appréciables pour le fonds dominant.

2° Cause perpétuelle leur servant de fondement.

3° Indivisibilité.

(1 et 2) Les servitudes *stillicidii non recipiendi* et *altius tollendi*, sont donné lieu à plusieurs interprétations dont l'examen ne rentre pas dans le cadre de cette thèse.

I.

Les Servitudes doivent procurer un avantage.

L'existence d'une servitude doit avoir pour résultat de diminuer pour l'un des deux fonds les avantages de la propriété et de les augmenter pour l'autre. La servitude devient une qualité favorable ou défavorable de l'héritage. *Quid aliud sunt jura prædiorum, quàm prædia qualiter se habentia, ut bonitas, salubritas, amplitudo* (1). L'intérêt des voisins motive donc la dérogation qu'apporte la servitude à l'état normal de la propriété; mais en l'absence de cet intérêt, la dérogation ne serait plus permise : *Quotiens nec hominum, nec prædiorum servitutes sunt, quia nihil vicinorum interest non valet* (2). La situation des immeubles peut être telle que cet intérêt ne soit pas possible, et alors il ne saurait y avoir de servitudes. Ainsi, s'il se trouvait entre les deux fonds un terrain qu'on ne pût traverser, le droit de passage ne pourrait être concédé à l'un des fonds sur l'autre : *Sacri et religiosi interventus..... itineris servitutem impedit : cum servitus per ea loca nulli deberi possit* (3). *Loco sacro, vel religioso, vel sancto interveniente quo fas non sit uti, nulla eorum servitus, imponi poterit* (4). De même, si une maison a sur la maison voisine une

(1) Dig., livre 50, titre 16, loi 81. Lebus.
(2) Dig., livre 50, titre 1, loi 15. Pomponius.
(3) Dig., livre 8, titre 1, loi 14, par. 2. Paul.
(4) Dig., livre 39, titre 3, loi 17, par. 3. Paul.

servitude *altius non tollendi*, et que l'on vienne à élever entre elles deux une construction qui, même la servitude subsistant, empêcherait qu'elle pût profiter au
fonds dominant, le propriétaire du fonds servant deviendra libre de bâtir. C'est ce que nous dit le jurisconsulte
Paul : *Si ædes meæ a tuis ædibus tantùm distent, ut
prospici non possint, aut medius montsearum conspec-
tum auferat, servitus imponi non potest* (1). Cependant une construction intermédiaire entre les deux fonds
peut quelquefois ne pas faire obstacle à la servitude;
car il est possible que le propriétaire du fonds dominant
ait intérêt, pour le cas où le propriétaire du fonds intermédiaire ne ferait aucun exhaussement, à ce que le propriétaire du fonds servant n'en puisse pas faire non plus.
C'est ce que nous dit encore le même jurisconsulte :
*Si inter meas et Titii ædes tuæ ædes intercedant, pos-
sum Titii ædibus servitutem imponere, ne liceat altius
tollere, licet tuis non imponatur : quia donec tu non
extollis, est utilitas servitutis* (2). Enfin, il n'y aurait pas
non plus avantage pour un fonds à ce que le propriétaire
du fonds voisin ne puisse passer sur son propre fonds,
soit pour s'y arrêter, soit pour le traverser, soit pour y
recueillir les fruits, et dès lors cette servitude ne pourrait exister. Pomponius nous l'apprend dans un texte que
nous avons déjà cité en partie : *Quotiens nec hominum prædiorum servitutes sunt, quia nihil vicinorum
interest non valet : veluti ne per fundum tuum eas aut*

(1) Dig., livre 8, titre 2, loi 38. Paul.
(2) Dig., livre 8, titre 5, loi 5. Paul.

ibi consistas : et ideo, si mihi concedas, jus tibi non esse fundo tuo uti, frui, nihil agitur. Aliter atque si concedas mihi jus tibi non esse in fundo tuo aquam quærere, minuendæ aquæ meæ gratia (1). Ces différents exemples sont suffisants pour asseoir cette règle générale, qu'il ne peut exister de servitudes qu'autant qu'elles porteront avantage d'utilité ou d'agrément.

Encore faut-il ajouter que si l'avantage produit par la servitude ne touchait que l'intérêt direct de la personne, et non l'intérêt du fonds, comme le droit, par exemple, de profiter d'un jardin pour s'y promener ou pour y cueillir des fruits, cela ne suffirait pas pour que ces droits ou autres semblables fussent considérés comme servitudes prédiales. Ce seraient des servitudes attachées à la personne, et non des servitudes attachées au fonds : *Ut pomum decerpere liceat, ut spatiari, ut cœnare in alieno possimus, servitus imponi non potest* (2).

II

Les Servitudes doivent avoir une cause perpétuelle.

Les servitudes réelles sont perpétuelles comme la propriété, et c'est là une différence qui les sépare des servitudes personnelles, lesquelles doivent s'éteindre par la mort de la personne au profit de qui elles sont consti-

---

(1) Dig., livre 8, titre 1, loi 15. Pomponius.
(2) Dig., livre 8, titre 1, loi 8, princip. Paul.

tuées (1). Aussi dans la rigueur du droit civil trouyons-
nous, à l'égard des servitudes prédiales, ce principe que
Papinien nous fait connaître avec les modifications que
lui avait fait subir le droit prétorien : *Servitutes ipso
quidem jure neque ex tempore, neque ad tempus, neque sub conditione, neque ad certam conditionem,
verbi gratiâ, quandiù volam, constitui possunt. Sed
tamen si hæc adjiciantur, per pacti vel per doli exceptionem occurretur contra placita servitutem vindicanti; idque et Sabinum respondisse Cassius retulit
et sibi placere* (2). Ainsi, avant l'intervention du droit
prétorien, ces modalités étaient inutilement ajoutées,
et la servitude n'en conservait pas moins la durée qu'elle
devait avoir, à moins que la condition qui avait été
ajoutée ne l'eût annulée complétement, auquel cas elle
n'était pas établie.

Non-seulement les servitudes sont, ainsi que nous
venons de le dire, perpétuelles de leur nature, mais
aussi, elles doivent avoir une *causam perpetuam.
Omnes servitates prædiorum perpetuas causas habere
debent* (3). Que faut-il entendre par une cause perpétuelle? Pothier, dans la matière qui nous occupe, définit la cause : *Causa est id cujus causâ servitus constitui, ut in servitute aquæductus, aqua* (4). Je crois que,
tout au moins, dans la sévérité primitive des principes,

(1) M. Pellat, Principes du Droit romain sur la propriété et l'usufruit,
n° 68.
(2) Dig., livre 8, titre 1, loi 4, princip.
(3) Dig., livre 8, titre 2, loi 28. Paul.
(4) Pothier, Pandectes, livre 8, titre 1, n° 16, 1re note.

les Romains, pour former une cause perpétuelle, ont exigé autre chose que ce qu'entend Pothier. Pour admettre qu'il y a une cause perpétuelle, les textes semblent supposer qu'il existe un état de choses naturel et permanent, que l'exercice de la servitude peut se faire indépendamment du travail de l'homme, et enfin que l'exercice actuel ne fera pas obstacle à l'exercice futur. C'est ainsi que la servitude de puisage n'était pas admise sur une citerne, *nam citerna non habet perpetuam causam, nec vivam aquam* (1). Et ce texte qui, pour cette raison, refuse l'interdit *ut de eo fonte* à une citerne, le refuse également à un lac ou à une piscine, *si lacus piscina, puteus vivam aquam non habeat* (2). On n'aurait pas pu non plus établir une servitude dans les conditions suivantes :

Une maison se trouve sur la limite de deux fonds, et dans le mur de cette maison on a percé un trou, et il a été dit que le propriétaire du fonds voisin devrait recevoir les eaux qui couleraient chez lui après avoir lavé les pavés de la maison appartenant au propriétaire du fonds dominant. Les textes déclarent que cette servitude ne serait pas valable, parce que l'eau ne doit couler que par suite d'un travail manuel, et qu'alors il n'y a plus *causa perpetua. Foramen in imo pariete conclavis, vel triclinii, quod esset proluendi pavimenti causa, id neque flumen esse, neque tempore adquiri placuit. Hoc ita verum est, si in eum locum nihil ex cœlo aquæ veniat.*

_____

(1) Dig., livre 43, titre 22, loi 1, par. 4. Ulpien.
(2) Ulp., loc. cit.

Neque enim perpetuam causam habet, quod manu fit. At quod ex cœlo cadit, etsi non assiduè fit, ex naturali tamen causâ fit (1). Cette manière de raisonner, bien en harmonie avec la logique imperturbable des jurisconsultes romains, avait des conséquences bien rigoureuses, et il paraît qu'un rescrit de l'empereur Antonin avait engagé à s'en écarter. C'est du moins ce qu'Ulpien mentionne dans le texte que voici : *De aquâ per rotam tollendâ ex flumine, vel hauriendâ, vel si quis servitutem castello imposuerit, quidam dubitaverunt, ne hœc servitutes non essent, sed rescripto imperatoris Antonini ad Tullianum adjicitur licet servitus jure non valuit, si tamen hac lege comparavit, seu alio quocumque legitimo modo sibi hoc jus adquisiit, tuendum esse eum, qui hoc jus possidet* (2). Il en était de même pour la servitude *stillicidii : Stillicidii quoque immittendi naturalis et perpetua causa esse debet* (3). Il en était encore de même du droit de passage, coupé par un fleuve : *Flumine interveniente, via constitui potest, si aut vado* (à gué) *transiri potest, aut pontem habet. Diversum si pontonibus trajiciatur* (4). Toutes ces solutions un peu subtiles avaient été modifiées avec le temps, si bien que les jurisconsultes indiquent fort souvent la solution rigoureuse, avec le remède qui y avait été apporté. Ainsi Paul, dans la loi IX *de servitutibus prædiorum rusti-*

_____

(1) Dig., livre 8, titre 2, loi 28.
(2) Dig., livre 8, titre 4, loi 2. Ulpien.
(3) Dig., livre 8, titre 2, loi 28. Paul.
(4) Dig., livre 8, titre 3, loi 38.

corum, s'exprime ainsi : *Servitus aquæ ducendæ, vel hauriendæ, nisi ex capite, vel ex fonte constitui non potest;* la servitude de prise d'eau ne peut exister que si le puisage se fait à la source ; *hodie tamen et quocumque loco constitui solet* (1).

III

Les Servitudes sont indivisibles.

Les servitudes, en effet, étant des qualités avantageuses ou défavorables des fonds, existent au profit de tout le fonds auquel elles sont dues, et au profit de chacune de ses parties, et portent sur tout le fonds qui les doit et sur chacune de ses parties.

Nous retrouverons souvent des applications de cette indivisibilité, lorsque nous rechercherons quels sont les modes d'établissement et d'extinction des servitudes; quant à présent, nous ne faisons qu'énoncer des principes généraux.

Etant indivisibles, les servitudes ne peuvent pas être acquises partiellement : *Pro parte dominii servitutem adquiri non posse, vulgo traditur. Et ideo, si quis fundum habens, viam stipuletur et partem fundi sui posteà alienet, corrumpit stipulationem, in eum casum deducendo, a quo stipulatio incipere non possit* (2). Et, en effet, celui qui aliène son fonds, ou partie indi-

(1) Dig., livre 8, titre 3.
(1) Dig., livre 8, titre 1, loi 11. Modestin.

vise de son fonds, après avoir stipulé une servitude, mais avant que la servitude soit constituée, celui-là perd le bénéfice de sa stipulation, parce que la servitude ne peut pas être établie pour un fonds qu'il n'a plus ou dont il ne possède plus qu'une partie indivise, tandis que l'aliénation totale ou partielle du fonds dominant, après que la servitude serait constituée, laisserait entièrement subsister la servitude (1). *Pro parte*, continue le texte, *quoque neque legari, neque adimi via potest. Et si factum est, neque legatum, neque ademptio valet* (2). Voici encore d'autres applications : *Viæ, itineris, actus, aquæductus pars in obligationem deduci non potest, quia usus eorum indivisus est. Et ideo si stipulator decesserit, pluribus hæredibus relictis, singuli solidam viam petunt. Et si promissor decesserit, pluribus hæredibus relictis, a singulis hæredibus solida petitio est* (3). *Per unum* (entre plusieurs copropriétaires) *adquiri servitus non posset* (4). Cette indivisibilité n'empêche pas que, lorsque les héritages sont séparés en plusieurs régions, les servitudes puissent être acquises ou éteintes séparément pour une ou quelques-unes de ces régions, et la raison qu'en donne Ulpien, c'est que chaque région devient alors un fonds indépendant, *quia non est pars fundi, sed fundus* (5). Plusieurs textes nous montrent l'application de cette règle. *Quæcumque servitus fundo debetur*, dit Paul, *omnibus ejus*

(1) M. Pellat, Propriété et usufruit, page 67.
(2) Dig., livre 8, titre 1, loi 11. Modestin.
(3) Dig., livre 8, titre 1, loi 17. Pomponius.
(4) Dig., livre 8, titre 5, loi 4, par. 3.
(5) Dig., livre 8, titre 4, loi 6, par. 1.

*partibus debetur : et ideo, quamvis particulatim ve-
nierit, omnes partes servitus sequitur, et ita ut singuli
recte agant jus sibi esse fundi Si tamen fundus, cui
servitus debetur, certis regionibus inter plures dominos
divisus, quamvis omnibus partibus servitus debeatur,
tamen opus est ut hi, qui non proximas partes servienti
fundo habebunt, transitum per reliquas partes fundi
divisi, jure habeant : aut si proximi patiantur, tran-
seant* (1). Ainsi, si un fonds auquel était due une servitude de passage se trouve divisé en plusieurs régions,
les propriétaires des régions qui ne joindront plus immédiatement le fonds servant, devront, soit en traitant avec
leurs copropriétaires, soit par suite de la tolérance de
ceux-ci, acquérir le droit de passer sur les parties qui
les séparent du fonds servant. Paul dit encore ailleurs :
*Si prædium tuum mihi serviat, sive ego partis prædii
tui dominus esse cœpero, sive tu mei, per partes servitus retinetur; licet ab initio per partes non adquiri
potest* (2). Enfin, le jurisconsulte Celsus conclut aussi
en faveur de cette opinion dans un texte fort important
et fort étendu que nous allons analyser. Plusieurs hypothèses sont prévues : d'abord c'est l'héritage dominant qui est divisé en plusieurs cantons, et alors il faut
décider comme si, dès l'origine, il y avait eu plusieurs
fonds, deux par exemple, si la division n'a fait que dé-
doubler le fonds dont il s'agit : *perindè est, atque si ab
initio duobus fundis debita sit* (servitus); et alors chaque
propriétaire ne conserve ou ne perd la servitude que

(1) Dig., livre 8, titre 3, loi 23, par. 3.
(2) Dig., livre 8, titre 1, loi 8, par. 1.

pour lui-même, *et sibi quisque dominorum usurpat servitutem, sibi non utendo deperdit.* Le propriétaire du fonds servant n'aura pas à souffrir de cette manière d'envisager les choses, car d'une part ce sera toujours à la même étendue de terrain que la servitude sera due, et de plus il y a pour elle de nouvelles chances d'extinction, puisque l'usage de l'un de ceux qui peuvent l'exercer n'empêche pas le non-usage de l'autre. *Nec fit ulla injuria ei, cujus fundus servit, imo si quo melior.* — Une seconde hypothèse est celle de la division du fonds servant, et ici Celsus convient que la solution est plus délicate, *plusculum dubitationis ea res habet.* Une distinction lui paraît nécessaire, et de là deux sous-hypothèses. L'endroit où le passage doit se faire a été bien déterminé, et le fonds a été divisé par la longueur, *per longitudinem?* Ici la servitude se comportera comme si la division avait toujours existé, comme si le fonds servant avait toujours formé deux fonds, et ces fonds seront indépendants l'un de l'autre. Si, tout en supposant encore que l'endroit où doit s'effectuer le passage est déterminé, le fonds servant a été partagé par la largeur, *per latitudinem*, soit également, soit inégalement, la servitude subsistera, comme s'il n'y avait pas eu de division, et par conséquent elle ne sera pas susceptible de se conserver ou de s'éteindre partiellement. Les principes de l'indivisibilité reprennent ici toute leur force, et c'est pourquoi, s'il arrivait qu'on ne se servît que du sentier qui ne se trouve que sur l'un des deux fonds, l'autre ne serait pas pour cela libéré. Il peut arriver aussi, toujours en supposant fixé en un lieu précis le droit d'effectuer le passage, que le propriétaire du fonds dominant achète une partie du fonds qui a été divisé. Le jurisconsulte pense que dans ce cas rien ne peut empêcher de décider que la servitude subsistera sur l'autre partie. *Nec video, quid absurdè consecuturum sit eam sententiam, fundo altero manente servo.* Seulement il peut arriver que cette partie se trouve même libérée, si elle n'est pas suffisante pour souffrir un passage de la largeur fixée, soit par la loi, soit par les conventions. — Mais il peut arriver, et c'est la dernière hypothèse dont s'occupe Celsus, que le titre constitutif de la servitude ait permis au propriétaire du fonds dominant de passer à son choix sur toutes les parties du fonds. Si la division de l'héritage ne fait pas obstacle à ce droit, il pourra s'exercer, et alors on observera les règles qui eussent été observées, si dans le principe il y avait eu deux fonds et deux servitudes; de telle sorte que l'une d'elles pourra être perdue par le non-usage, tandis que l'autre sera conservée : *Tunc perindè observabimus, atque si ab initio duobus fundis duæ servitutes injunctæ fuissent, ut altera retineri, altera non utendo possit deperire.* A cette solution, Celsus prévoit une objection.

Le droit du propriétaire du fonds dominant ne va-t-il pas être amoindri par suite de la division du fonds servant, puisque avant cette division, l'usage de la servitude qu'il faisait sur une partie du fonds la conservait sur toutes les parties ? *Nec me fallit, alieno facto jus alterius immutatum iri : quoniam antè satius erat per alteram partem ire, agere, ut idem jus ei in alterâ*

parte fundi retineretur. Mais Celsus répond victorieusement à cette objection en disant que, loin de souffrir
de la division, le propriétaire de l'héritage dominant en
profitera, puisque maintenant il pourra passer par deux
voies, et que ces deux voies occuperont chacune un
espace de terrain de huit pieds en ligne droite et de
seize pieds dans les circuits. *Contrà, illud commodum
accessisse ei cui via debebatur, quod per duas pariter
viasire, agere possit; bisque octonos in porrectum, et
senos denos in anfractum* (1).

Toujours à cause de leur caractère d'indivisibilité,
les servitudes ne peuvent pas être revendiquées partiellement. *Si fundus cui iter debetur plurium sit, uni-
cuique in solidum competit actio* (2). *Sed et si duorum
fundus sit qui servit, adversùs unumquemque poterit
ità agi, et.... quisquis defendit, solidum debet resti-
tuere, quia divisionem hæc res non recipit* (3). Le
texte que nous avons déjà cité nous apprend qu'elles
ne peuvent pas être perdues partiellement, et nous n'a-
vons rien à y ajouter (4).

Tout en respectant l'indivisibilité des servitudes, on
peut déterminer les avantages que tel ou tel propriétaire en pourra tirer, soit quant au mode, soit quant au
temps, soit quant au lieu où elle pourra s'exercer : *Modum adjici servitutibus posse constat* (5). *Usus servi-*

---

(1) Dig., livre 8, titre 6, loi 6, par. 1.
(2) Dig., livre 8, titre 5, loi 4, par. 3.
(3) Dig., livre 8, titre 5, loi 4, par. 4:
(4) Dig., livre 8, titre 1, loi 11, et titre 6, loi 6, par.
(5) Dig., livre 8, titre 1, loi 4, par. 1.

tutum temporibus secerni potest, forte ut quis post horam tertiam usque in horam decimam eo jure utatur, vel ut alternis diebur utatur (1).

(1) Dig., livre 8, titro 1, lol 5, par, 1.

CHAPITRE II.

DE L'ÉTABLISSEMENT DES SERVITUDES.

La principale difficulté sur cette matière résulte de ce que, parmi les moyens d'établir les servitudes que nous rencontrons dans les textes, les uns ont été admis à toutes les époques, tandis que d'autres, à un certain moment, ou bien ont pris naissance, ou bien au contraire ont complétement disparu. Le droit de Justinien est la plupart du temps celui qui a opéré ces modifications. Nous aurons soin de les signaler à mesure qu'elles se produiront.

Indépendamment des moyens multiples dont l'emploi est autorisé par les textes, il faut dire que les servitudes peuvent être constituées de deux manières différentes :

1° Par translation, lorsque le propriétaire d'un fonds le grève d'une servitude au profit du fonds voisin ;

2° Par déduction, lorsque le propriétaire d'un fonds l'aliène, mais en retenant soit pour lui, soit pour ses héritiers, un droit de servitude.

Cette déduction de servitude est même plus efficace en un certain sens que la translation du même droit. C'est ainsi que nous verrons que les servitudes rurales sont les seules qui puissent être transférées par la mancipation, tandis que toutes les servitudes, et même l'usufruit, peuvent être retenues par ce mode.. *Per mancipationem deduci ususfructus potest, non etiam transferri* (1). Et Gaïus nous en donne le motif : *Non enim ipse ususfructus mancipatur, sed cum in mancipandâ proprietate deducatur, eo fit ut apud alium ususfructus, apud alium proprietas sit* (2).

Nous retrouverons souvent dans le cours de ce chapitre, et particulièrement à propos de la tradition, des traces de la distinction que nous signalons ici

Il y a sept modes différents pouvant servir à l'établissement des servitudes :

1° La mancipation ;

2° La cession juridique ;

3° L'adjudication ;

4° Le testament ;

5° Les pactes et les stipulations ;

6° L'usage ;

7° La tradition, et la quasi-tradition.

Établissement par mancipation.

La mancipation, qui appartient au droit primitif, est tombée peu à peu en désuétude, et n'existe plus sous Justi-

(1) Paul, Fragm. vatic., 47.
(2) Gaïus, Inst., livre 2, par. 33.

nien. C'est donc à une époque antérieure à cet empereur que se rapporteront nos observations. Les servitudes rurales étant les seules qui fussent considérées comme des *res mancipi*, étaient aussi les seules qui pussent être établies par la mancipation, d'une façon directe, car nous venons de dire que d'une façon indirecte et par déduction, toutes les servitudes, et même les servitudes personnelles telles que l'usufruit, pouvaient participer à ce mode.

Étant *res mancipi*, les servitudes rurales, notamment au point de vue de l'aliénation, sont soumises à toutes les règles concernant l'aliénation des *res mancipi*. Ainsi, 1° la volonté commune des parties et la tradition ne suffisent pas pour en transférer la propriété; il faut encore qu'il ait été fait usage de l'un des modes du droit civil. *Mancipatio propria species*, dit Ulpien, *alienationis est, et rerum mancipi, eaque fit certis verbis, libripende et quinque testibus præsentibus.... Traditio propria est alienatio rerum nec mancipi. Harum rerum dominia ipsa traditione adprehendimus scilicet ex justa causa tradita sunt nobis* (1). 2° La femme ne peut pas aliéner sans le consentement de son tuteur les choses de mancipation. *Tutoris auctoritas*, dit encore Ulpien, *necessaria est mulieribus quidem in his rebus.... si rem mancipi alienent* (2). Cette règle était si absolue que l'usucapion même, au dire de Gaïus, qui s'appuie sur la loi des douze tables, l'usucapion, un mode civil d'acquisition applicable

(1) *Reg. juris*, titre 19, par. 3 et 7.
(2) *Idem*, titre 11, par. 27.

ordinairement tant aux choses de mancipation qu'aux choses de non-mancipation , ne peut transférer la propriété d'une chose appartenant à une femme, à moins que son tuteur n'ait consenti à la tradition. *Item olim mulieris quæ in agnatorum tutelâ erat, res mancipi usucapi non poterant præterquam si ab ipsâ, tutore (auctore traditæ essent) : idque itâ lege duodecim tabularum cautum erat* (1).

II

Établissement par l'IN JURE CESSIO.

La cession *in jure* est, comme la mancipation, un acte juridique et solennel de l'ancien droit romain, qui, sous Justinien, n'existe plus qu'à l'état de souvenir.

Cependant il y a entre ces deux modes une différence notable. Tandis que la mancipation ne peut être employée, s'il s'agit d'une constitution par translation, que pour les servitudes rurales, la cession *in jure* est applicable à toutes les servitudes, aussi bien s'il s'agit de les établir par translation que s'il s'agit de les retenir par déduction : *Jura prædiorum urbanorum in jure tantùm cedi possunt; rusticorum vero etiam mancipari possunt* (2). Cela tient à ce que la *cessio in jure* s'appliquait aussi bien aux *res mancipi* qu'aux *res*

(1) Gaius, Inst. comm. 1, par. 47.
     Gaius, comm. 2, par. 29.

nec mancipi. C'était même là sa plus grande utilité, à côté de la mancipation qui était un moyen plus simple, quoique déjà fort compliqué, de transférer la propriété.

De même que la mancipation était la représentation fictive d'une vente, la cession juridique était la représentation fictive d'une action en revendication. Gaïus nous a tracé le tableau de ce procès supposé (1). Il résulte du caractère exclusivement civil et solennel de l'*in jure cessio*, que dans l'ancien droit une femme ne pouvait, *sine auctoritate tutoris*, conférer une servitude sur son bien par ce moyen, non plus que par la mancipation. L'*in jure cessio* était en effet une fiction d'une action de la loi, et ainsi que nous le dit Ulpien : *Tutoris auctoritas necessaria est mulieribus.... si lege aut legitimo judicio agant* (2).

De même que la mancipation, la cession juridique peut servir à établir une servitude indirectement, lorsque le propriétaire du fonds, en le cédant, déduit la servitude à son profit; seulement il faut que cette réserve soit faite, non dans la vente, mais dans la cession juridique, ou dans la mancipation, sans quoi, il n'y aurait de créé qu'un droit personnel, pour faire établir la servitude.

(1) Gaïus, comm. 2, par. 24.—*In jure cessio hoc modo fit. Apud magistratum populi Romani, velut prætorem, vel apud præsidem provinciæ, is cui res in jure ceditur, rem tenens ita dicit: Hunc ego hominem ex jure quiritium meum esse aio; deinde, postquam hic vindicaverit prætor interrogat eum qui cedit, an contrà vindicet; quo negante aut tacente, tunc ei qui vindicaverit eam rem addicit.*

(2) *Reg. juris,* Ulpien, titre 2, p. 27.

III.

Établissement par Adjudication.

L'adjudication n'est plus, comme la cession juridique, un moyen fictif et détourné de transférer les droits réels ; c'est un acte sérieux, une translation directe. *Singulorum rerum dominia nobis adquiruntur..... adjudicatione* (1). Pour bien comprendre la différence qui sépare l'adjudication de la cession juridique, il faut se placer sous le système de la procédure formulaire. Tandis que la cession juridique a lieu devant le magistrat, *in jure*, et que les attributions de droits qu'elle opère se font par suite du pouvoir qu'a le magistrat de dire le droit, *addicit*, l'adjudication se passe devant le juge, *in judicio*, et le juge, en attribuant la propriété, ne dit plus le droit, il juge, *adjudicat*. « *Trois formules* « *d'action seulement investissent le juge de ce pouvoir,* « dit M. Pellat (2): *l'action* familiæ erciscundæ, *en par-* « *tage d'une succession entre cohéritiers ; l'action* « communi dividundo, *en partage d'une chose commune* « *entre propriétaires ; l'action* finium regundorum, *en* « *règlement de bornes entre voisins.* » *Adjudicatione dominia nanciscimur per formulam familiæ erciscundæ, quæ locum habet inter coheredes, et per formulam communi dividundo, cui locus est inter socios, et*

(1) Ulpien, *Regulæ juris,* titre 19.
(2) Loc. cit., n° 19.

per formulam finium regundorum, quæ est inter vici-
nos. Et Ulpien ajoute: *Nam si judex aut ex heredibus,*
aut sociis, aut vicinis rem aliquam adjudicaverit, sta-
tim illi adquiritur, sive mancipi, sive nec mancipi
sit (1).

Ainsi l'adjudication s'applique aussi bien aux *res*
mancipi qu'aux *res nec mancipi,* et dès lors elle doit
s'appliquer à toutes les servitudes rurales ou urbaines ;
et en effet, nous lisons dans le Digeste : *Neratius scri-*
bit arbitrum, si regionibus fundum non vectigalem
divisam duobus adjudicaverit, posse quasi in duobus
fundis servitutem imponere. C'est Ulpien qui rapporte
cette opinion (2).

IV

Établissement par Testament.

C'est par acte de dernière volonté que se constituent
le plus ordinairement les servitudes prédiales (3). *Tes-*
tamentum est voluntatis nostræ justa sententia, de
eo quod quis post mortem suam fieri vult (4). *Legatum*
est delibatio hereditatis, qua testator ex eo quod uni-
versum heredis foret, alicui quid collatum velit (5).

L'établissement des servitudes par testament peut se

(1) Ulp., *Regulæ juris,* titre 19, par. 16.
(2) Dig., livre 10, titre 3, loi 7, par. 1.
(3) Ducaurroy, Institutes de Justinien, t. 1, p. 384.
(4) Dig., livre 28, titre 1, loi 1. Modestin.
(5) Dig., livre 30, titre 1, loi 116. Florentin.

présenter sous plusieurs aspects : le testateur peut d'a-
bord ordonner à ses héritiers de les établir ; il peut
aussi les établir lui-même en déclarant qu'il donne ou
qu'il lègue telle ou telle servitude à telle personne. Ce
sont les cas où il y a translation de la servitude. La
déduction est également possible, et elle se produira si
le testateur, en léguant un fonds, déclare qu'il entend
réserver une servitude au profit de ses héritiers (1).

Toutes les servitudes, soit personnelles, soit réelles,
et parmi ces dernières les servitudes urbaines ou rurales, peuvent être établies par testament. Nous avons
un texte qui le dit pour l'usufruit. *Ususfructus unius-*
cujusque rei legari potest (2). Quant aux servitudes
réelles, notre proposition s'appuie sur un texte du Digeste, qui porte pour rubrique, sans indiquer de distinction : *De servitute legata* (3).

Le droit antérieur à Justinien distinguait quatre espèces de legs :

1° Le legs *per vindicationem;*

2° Le legs *per damnationem;*

3° Le legs *sinendi modo;*

4° Le legs *per præceptionem.*

Quant au legs *per præceptionem*, il existait une controverse sur sa portée et sur son étendue entre les Sabiniens et les Proculeïens ; Gaïus s'en est fait l'écho (4).
Mais c'est une question qui ne doit pas nous occuper,

(1) Dig., livre 7, titre 1, loi 19 princip. Pomponius.
2) Paul, Sentences, livre 3, titre 6, par. 17.
(3) Dig., livre 33, titre 3.
(4) Gaïus, comm. 2, par. 217 et suivants.

et de cette division entre les legs, nous ne dirons que ce qui peut intéresser directement la matière que nous traitons.

Avant Justinien, il faut distinguer le cas où le legs de la servitude a été fait *per vindicationem*, c'est-à-dire où la servitude est véritablement acquise (1), du cas où le legs est fait *per damnationem*, c'est-à-dire où la servitude reste due par l'héritier au légataire (2). Le passage de Paul, que nous citions tout à l'heure, indique clairement cette distinction ; *Ususfructus uniuscujusque rei legari potest, et aut ipso jure constituetur, aut per heredem præstabitur. Ex causâ quidem damnationis, per heredem præstabitur ; ipso autem jure per vindicationem* (3). Ce texte spécial pour l'usufruit, mais que, par analogie, nous pourrions fort bien étendre aux servitudes réelles, est du reste pour ainsi dire reproduit à leur égard dans un fragment du Digeste (4), et un paragraphe des Institutes le copie presque textuellement : *Potest etiam quis in testamento heredem suum damnare ne altiùs tollat ædes suas, ne luminibus ædium vicini officiat ; vel ut patiatur eum per fundum ire, agere, aquamve ex eo ducere; vel ut patiatur eum tignum in parietem immittere, vel stillicidium habere* (5).

(1) *Ideó autem per vindicationem legatum appellatur, quia post aditam hereditatem statim ex jure quiritium res legatarii fit.* — (Gaïus, comm. 2, par. 194.)

(2) *Quod autem legatum itâ est post aditam hereditatem, etiamsi purè legatum est, non, ut per vindicationem legatum, continuo legatario adquiritur.*—(Gaïus, comm. 2, par. 204.)

(3) Paul, Sentences, livre 3, titre 6, par. 17.

(4) Dig., livre 8, titre 4, loi 16, Gaïus.

(5) Institutes de Justinien, livre 2, titre 3, par. 4.

Au surplus, sous Justinien, qui a aboli toute différence entre les legs, notre distinction n'a plus qu'une
médiocre utilité. Voici comment s'exprime le texte im-
périal : *Nostra autem constitutio, quam cum magna
fecimus lucubratione, defunctorum voluntates vali-
diores esse cupientes et non verbis, sed voluntatibus
eorum faventes, disposuit ut omnibus legatis una sit
natura et quibuscumque verbis derelictum sit, liceat legatariis id persequi non solùm per actiones
personales, sed etiam per in rem, et per hypotheca-
riam : cujus constitutionis perpensum modum ex ipsius
tenore perfectissimè accipere possibile est* (1).

Toutefois il ne faut pas prendre et appliquer à la lettre
les modifications qu'annonce Justinien. La nature des
choses est plus forte que la volonté de l'empereur, et
si le testateur a légué la chose d'autrui ou une chose
indéterminée, la propriété n'en sera évidemment pas
transférée de suite au légataire en faveur duquel n'existera alors qu'une obligation (2).

Ce que Justinien n'a pas pu faire non plus, ç'a été
d'effacer du Digeste la trace de la distinction qu'il a sup-
primée, et qui se retrouve fréquemment dans les textes
qui y sont rapportés. C'est ainsi que Gaïus nous dit :
*Potest etiam in testamento heredem suum quis dam-
nare* (3).

(1) Institutes de Justinien, livre 2, titre 20, par. 2.
(2) M. Ortolan, Explication des Institutes, p. 652.
(3) Dig., livre 8, titre 4, loi 16.

V

Établissement par pactes et stipulations.

Le jurisconsulte Ulpien définit le pacte : *Duorum, pluriumve in idem placitum consensus* (1). Primitivement, et dans la rigueur du droit, les conventions, les pactes sont dénués par eux-mêmes de toute force juridique ; cette force, ils ne peuvent l'emprunter qu'au formalisme et aux solennités du droit civil, qui précise et limite les cas fort peu nombreux où il l'accorde. Le droit prétorien et les constitutions des empereurs ajoutent successivement quelques cas à ceux qui sont déterminés par le droit civil ; puis enfin la jurisprudence vient à en reconnaître d'autres, comme sources d'obligations naturelles, et sans les munir d'actions, mais en décidant qu'on pourrait les invoquer par la voie des exceptions. *Juris gentium conventiones quædam actiones pariunt, quædam exceptiones* (2).

Du reste, et c'est là l'observation capitale en ce qui nous touche, soit qu'il s'agisse d'un contrat, c'est-à-dire d'une obligation sanctionnée par le droit civil , soit qu'il s'agisse d'un pacte, c'est-à-dire d'une obligation sanctionnée par le préteur, par les empereurs ou par la jurisprudence, l'effet produit est toujours celui que nous indique cette définition, puisée dans les Institutes. *Obli-*

(1) Dig., livre 2, titre 14, loi 1, par. 2.
(2) Dig., livre 2, titre 14, loi 7, princip. Ulpien.

gatio est juris vinculum, quo necessitate adstringimur aliciujus solvendæ rei, secundum nostræ civitatis jura (1). L'obligation ne peut donc donner naissance qu'à un droit personnel. Nous verrons si à propos des servitudes il y a lieu de déroger à cette règle générale.

C'est à l'occasion du sol provincial que l'on a imaginé d'établir les servitudes au moyen des pactes et des stipulations.

Tandis que les fonds italiques jouissaient du droit civil et pouvaient être l'objet d'une propriété véritable, comme des démembrements de cette propriété, les fonds provinciaux n'étaient pas admis à la même faveur. *In (eo solo) dominium populi romani est vel Cæsaris; nos autem possessionem tantùm (et) usumfructum habere videmur* (2). On ne pouvait donc, dans la rigueur des principes, établir de servitudes sur les fonds provinciaux.

Toutefois, cette différence existait plutôt dans les mots que dans les choses, et si les détenteurs du sol provincial payaient un tribut au peuple ou à César, leur droit, protégé à titre de possession, par les préteurs, avait presque tous les avantages du droit d'un propriétaire, et cette protection s'étendait à la constitution qu'ils pouvaient faire de droits analogues aux servitudes. L'intérêt de l'agriculture ne permettait pas qu'il en fût autrement. Les fonds provinciaux ne pouvaient être privés complétement des richessses que procure

(1) Institutes, livre 3, titre 13, princip.
(2) Gaïus, comm. 2, par. 7. — Theophile, paraphrase des Institutes de Justinien, livre 2, titre 1, par. 40.

l'asservissement de la terre, et cependant pour l'établir on ne pouvait user ni de la mancipation, ni de la cession juridique. *Hæc scilicet in Italicis prædiis*, dit Gaïus(1). Restaient le testament et l'adjudication; mais le testament ne peut être employé entre vifs, et l'adjudication suppose un procès qui peut ne pas se rencontrer dans tous les cas. C'étaient donc les pactes et les stipulations qui étaient mis en usage : les pactes, pour indiquer ce sur quoi les parties sont tombées d'accord; les stipulations, pour rendre, la convention obligatoire. Théophile nous a tracé le tableau de cette double opération dans sa paraphrase sur les Institutes. Il y a des textes qui indiquent que la servitude peut être due en vertu d'une simple convention, quand cette convention est une vente.

Et cependant, même dans ce cas, Pomponius conseillait aux parties de stipuler une clause pénale, ou d'exiger une satisdation. *Si iter, actum, viam, aquæductum per tuum fundum emero, vacuæ possessionis traditio nulla est; itaque cavere debes per te non fieri quominus utar* (2). Et, en effet, cette précaution est excellente, peut-être même indispensable ; car s'il n'est pas douteux que la stipulation d'une somme d'argent, comme clause pénale, fût valable, il paraît probable que l'on hésitait à en dire autant d'une convention qui aurait eu directement pour objet une servitude sur les fonds provinciaux.

Dans tous les cas, ce qui me paraît incontestable,

(1) Gaïus, 2, 31.
(2) Dig., livre 10, titre 1, loi 3, par. 2.

c'est que les pactes et les stipulations ne peuvent constituer des servitudes comme droits réels ; c'est là pourtant la question très-débattue que nous avons annoncée.

La question a été discutée à deux époques, avant et sous Justinien, et je pense qu'elle doit toujours recevoir la même solution.

1. Avant Justinien. — La seule raison de douter, qui soit sérieuse, est celle qui se tire de ce passage de Gaïus : *Sive quis usumfructum.... cæteraque jura similia constituere velit, pactionibus et stipulationibus id efficere potest* (1). Le mot *constituere* semble indiquer qu'un droit d'usufruit, ou toute autre servitude, peut être établi comme droit réel, au moyen des pactes et des stipulations. Mais, ainsi qu'on l'a fait observer, cette conclusion n'est pas juste, et il n'est même pas démontré que ce soit celle de Gaïus, qui emploie les mêmes expressions, dans un cas où certainement il n'entendait pas que l'usufruit fût constitué comme droit réel, le cas d'un legs *per damnationem. Omnium prædiorum jure legati potest constitui ususfructus, ut hæres jubeatur dare alicui usumfructum* (2). Il n'y a donc là qu'une obligation, et l'autorité que l'on demande au premier texte que nous avons cité est donc considérablement amoindrie.

Reste donc seulement dans la question le principe général déjà posé, que les conventions n'ont pas la vertu de transférer la propriété, non plus que ses

_____

(1) Gaïus, 2, 31.
(2) Dig., livre 7, titre 1, loi 3, princip.

démembrements. L'intervention d'une stipulation qui est exigée à côté de l'obligation de créer ou de souffrir une servitude montre bien qu'il ne s'agit pas d'un droit réel, et que le pacte et la stipulation ne peuvent produire ici que leur effet ordinaire. Comment le préteur protégera-t-il la servitude ou le droit analogue ainsi établi? Par des interdits utiles, possessoires ; par l'action Publicienne, c'est-à-dire par des moyens qui supposent une possession ou une quasi-possession, et non un droit de propriété. Gavolenus le dit : *Ego puto usum ejus juris pro traditione accipiendum esse. Ideoque et interdicta veluti possessoria constituta sunt* (1).

Voici au surplus un texte où il est question d'un propriétaire ayant une servitude d'aqueduc, et voulant céder le droit de puiser dans cet aqueduc. Le jurisconsulte Africain dit que cela pourra se faire au moyen des pactes et des stipulations, et il indique cependant en même temps pourquoi le droit produit ne sera pas un droit réel : *Per plurium prædia aquam ducis, quoquo modo imposita servitute; nisi pactum vel stipulatio etiam de hoc subsecuta est, neque eorum cuivis, neque alii vicino poteris haustum ex rivo cedere ; pacto enim vel stipulatione intervenientibus, et hoc concedi solet, quamvis nullum prædium ipsum sibi servire, neque servitutis fructus constitui potest* (2). Le jurisconsulte n'admet pas ici assurément qu'il y aura un droit réel établi; « car, dit M. Pellat, il donne lui-« même les raisons pour lesquelles un pareil droit ne

---

(1) Dig., livre 8, titre 1, loi 20.
(2) M. Pellat, Propriété et usufruit, n° 77.

« peut exister, ni au profit des propriétaires des fonds
« traversés par l'aqueduc, ni au profit d'autres voisins.
« C'est que les premiers auraient alors une servitude
« sur leur propre fonds, et que les seconds auraient
« l'usufruit d'une servitude, ou une servitude sur une
« servitude, ce qui est impossible. »

II. Sous Justinien. — Sous Justinien, ce mode d'é-
tablissement des servitudes par des pactes et des stipulations existe encore : *Si quis velit vicino aliquod jus
constituere, pactionibus atque stipulationibus id efficere debet* (1). A cette époque, toute distinction est ef-
facée entre le sol de l'Italie et le sol des provinces ; la
clause pénale n'est plus nécessaire à côté du pacte ; elle
ne peut servir que comme nouvelle et efficace garantie,
puisque l'établissement d'une servitude peut, sur tout
le sol de l'empire, résulter d'une stipulation. Mais notre
question existe encore, plus difficile même à trancher,
puisque les textes que l'on invoque sont suspects par
suite des modifications qu'ils ont pu subir en vue des
principes récemment admis.

Cependant je pense que, même sous Justinien, la stipulation n'établira la servitude que comme droit personnel. Les principes généraux ont subsisté dans leur
intégralité ; la stipulation ne peut engendrer qu'une obligation, et nous connaissons la définition que Justinien
nous donne lui-même de l'obligation.

Bien des auteurs ont pensé le contraire ; ils ont dit
que s'il en était autrement, la cession juridique n'exis-

(1) Institutes, livre 2, titre 3, par. 4.

tant plus alors, les servitudes négatives, qui ne sont pas susceptibles de quasi-tradition, ne pourraient, par aucun moyen, être constituées entre-vifs d'une façon directe. Ils invoquent des textes. C'est d'abord Ulpien (1) qui dit : *Quod autem diximus, ex re fructuarii, vel ex operis posse adquirere, utrum tunc locum habent, quotiens jure legati ususfructus sit constitutus, an et si per traditionem, vel stipulationem.... videndum.* Ce texte ne prouve pas plus que le texte de Gaïus précédemment réfuté, et dont il reproduit les expressions; *constituere usumfructum* ne signifie pas nécessairement constituer un usufruit comme droit réel. La loi suivante, que nous trouvons dans le Code, n'est pas plus concluante : *Usufructu constituto, consequens est ut satisdatio boni viri arbitratu præbeatur ab eo ad quem id commodum pervenit,* (2)...., Je n'attacherais pas enfin une importance décisive à cette autre loi qui suppose une servitude de passage établie par un pacte : *Quidam enim pactus erat cum vicino suo, ut liceret ei vel per se, vel per suos transitum facere* (3). Elle peut s'entendre d'un pacte inséré dans la mancipation d'un fonds, et ayant pour but de retenir un droit de servitude au profit du vendeur.

L'opinion que je défends est au contraire appuyée sur un grand nombre de textes qui me paraissent avoir pleine autorité. Je n'en citerai que deux : *Obligationum substantia non in eo consistit, ut aliquod*

____

(1) Dig , livre 7, titre 1, loi 25, par. 7.
(2) Code, livre 3, titre 33, loi 4.
(3) Code, livre 3, titre 34, loi 14.

corpus nostrum, aut servitutem nostram faciat, sed ut alium nobis obstringat ad dandum aliquid vel faciendum, vel præstandum (1). Ainsi Paul fait spécialement application à la constitution d'une servitude du principe général en matière d'obligation. Ailleurs, Ulpien assimile l'effet d'une constitution de servitude au moyen d'un pacte, à l'effet qu'elle produirait si elle résultait d'une charge imposée par le testateur au légataire de l'usufruit : *Si qua servitus impositaest fundo, necesse habebit fructuarius sustinere; undè et si per stipulationem servitus debeatus, idem puto dicendum* (2).

VI

Établissement par l'usage.

L'usage est au nombre des moyens d'acquérir dans le droit romain : *Singularum rerum dominia nobis adquiruntur... usucapione* (3). Il a deux sphères d'application bien distinctes : 1° il fait acquérir la propriété des choses *mancipi*, pour lesquelles les formes de la mancipation n'ont pas été suivies ; 2° il fait acquérir le domaine d'une chose *mancipi* ou *nec mancipi*, lorsqu'on l'avait reçue de bonne foi de quelqu'un qui n'en était pas propriétaire

Mais ce mode civil d'acquisition de la propriété ne pouvait pas s'appliquer au sol provincial, qui était

(1) Dig., livre 44, titre 7, loi 3.
(2) Dig., livre 7, titre 1, loi 27, par. 4.
(3) Ulpien, *Regula juris*, titre 19, loi 2.

placé en dehors du droit civil. Cependant les préteurs provinciaux, et plus tard les constitutions impériales reconnurent pour les provinces, non un moyen d'acquisition par la possession, mais une prescription de long temps, accordée au bout de dix ans de possession entre présents, et de vingt ans entre absents.

Au moyen de cette *præscriptio*, qui ne fut que long-temps après détournée de son sens primitif, le possesseur d'un fonds provincial pouvait faire insérer dans la formule une clause qui protégeait sa possession, si on venait réclamer ce fonds contre lui, après qu'il l'avait possédé de bonne foi pendant le temps voulu.

Sous Justinien, l'usucapion n'existe plus pour l'Italie, la prescription de long temps a disparu pour les provinces, et l'empereur a fondu ces deux institutions en une seule, qui forme le droit commun de l'empire (1).

Il paraît que primitivement l'usage et la possession continuée pendant un certain temps étaient considérés par la jurisprudence comme un moyen d'acquérir les servitudes. Mais ce mode fut supprimé par la loi Scribonia, sur laquelle nous n'avons pas de renseignements, si bien que quelques auteurs en ont contesté tantôt l'existence et tantôt l'application aux servitudes ; ces deux points semblent cependant bien acquis à l'histoire en présence de ce texte de Paul : *Cum usucapionem sustulit lex Scribonia, quæ servitutem constituebat* (2). On la place généralement en l'an 719 de Rome (3).

(1) Inst., livre 2, titre 6, princip.
(2) Dig., livre 41, titre 9, loi 4, par. 29.
(3) Voir notre introduction.

Quoi qu'il en soit, tout le monde est d'accord qu'à
cette époque, ni les servitudes de fonds ruraux, ni
celles de fonds urbains ne peuvent être acquises par
usucapion : *Incorporales res... usucapionem non reci-*
pere manifestum est (1); et les servitudes sont des
choses incorporelles : *Servitutes prædiorum rustico-*
rum incorporales sunt.... Idem et in servitutibus
prædiorum urbanorum observatur (2). Et enfin il y a
un texte qui nous dit : *Hoc jure utimur, ut servitutes*
per se nusquàm longo tempore capi possint, cum œdi-
ficiis possint (3). Si tel était le droit commun, les
textes nous indiquent qu'il existait de nombreuses exceptions, successivement introduites par le droit prétorien et ratifiées par les constitutions impériales. Les
préteurs donnaient donc, dans certains cas, des actions
utiles, des interdits, pour protéger les droits de ceux
qui étaient depuis longtemps en jouissance d'une servitude. Les exceptions devinrent même la règle en ce qui
touche les servitudes urbaines, *quæ in superficie*
consistunt. Offrant un caractère de continuité qui fait
défaut aux servitudes rurales, *quæ in solo consistunt*,
elles étaient seules susceptibles d'être acquises par un
long usage. Cette différence, que nous avions déjà no-
tée plus haut, se trouve constatée dans plusieurs textes :
Servitutes, quæ in superficie consistunt, possessione
retinentur (4). De même dans une constitution d'An-

(1) Dig., livre 41, titre 1, loi 43, par. 1. Gaïus.
(2) Dig., livre 8, titre 1, loi 14, princip. Paul.
(3) Dig., livre 41, titre 3, loi 10, par. 1. Ulpien.
(4) Dig., livre 8, titre 2, loi 20, princip. Paul.

tonin, encore plus explicite : *Si quas actiones ad-
versus eum, qui ædificium contra veterem formam
extruxit, ut luminibus tuis officeret, competere tibi
existimas ; more solito (per judicem) exercere non
prohiberis. Is qui judex erit, longi temporis consue-
tudinem, vicem servitutis obtinere sciet : modò si is,
qui pulsatur, nec vi, nec clàm, nec precariò possidet* (1).

Quant aux servitudes rurales, il paraît qu'il y en
avait deux qui pouvaient, par faveur spéciale, être acquises par le long ùsage. C'étaient le droit de passage
et le droit de prise d'eau. Le préteur accordait quelquefois l'interdit *de itinere actuque privato* pour la
servitude de passage existant depuis de longues années :
Si quis, dit Ulpien, *servitutem jure impositam non habeat, habeat autem velut longæ possessionis prærogati-
vam ab eo, quod diù usus est servitute, interdicto hoc
uti potest* (2). Quant aux droits de prise d'eau établis par
un long usage, on trouve, soit dans le code de Théodose,
soit dans le Digeste, soit dans le code de Justinien des
textes nombreux qui prouvent que la jurisprudence
avait coutume de les confirmer, sans doute dans l'intérêt de l'agriculture et de la fertilité des campagnes.
Ulpien s'exprime ainsi en ce sens : *Si quis diuturno
usu, et longâ quasi possessione, jus aquæ ducendæ
nanctus sit, non est ei necesse docere de jure, quo
aqua constituta est, velut, ex legato, vel alio modo :
sed utilem habet actionem, ut ostendat per annos*

(1) Code, livre 3, titre 34, loi 1.
(2) Dig., livre 43, titre 19, loi 5, par. 3.

forte tot usum se, non vi, non clàm, non precariò possedisse (1). L'empereur Antonin confirme cette doctrine, en s'adressant à Martial : *Si aquam per possessionem Martialis eo sciente duxisti, servitutem exemplo rerum immobilium tempore quæsisti* (2).

On voit que tous ces textes demandent seulement que la posssession ne soit ni violente, ni clandestine, ni précaire, et qu'elle dure depuis longtemps ; ils n'exigent pas qu'elle ait une juste cause ; ils ne fixent pas non plus le temps qu'elle doit durer : on devait sans doute prendre en considération pour l'apprécier, la nature des servitudes et des circonstances, et il n'y avait rien de bien fixe à ce sujet ; tandis qu'un texte parle d'un usage *cujus origo memoriam excessit*, le plus grand nombre ne manifeste aucune exigence à cet égard.

On discute la question de savoir si la constitution d'Antonin que nous venons de citer tout à l'heure a assimilé complétement la prescription des servitudes prédiales à la prescription des choses immobilières. Enfin on se demande si cette assimilation a été faite tout au moins par Justinien.

La question est importante ; car si on admet l'affirmative, il faut reconnaître que dès cette époque l'acquisition des servitudes prédiales ne put s'accomplir que par une possession de dix ans contre présents et de vingt ans contre absents ; de plus il faut reconnaître encore que dans ce cas les conditions nécessaires pour

---

(1) Dig., livre 8, titre 5, loi 10, princip.
(2) Code, livre 3, titre 34, loi 2.

la prescription doivent se trouver réunies, c'est-à-dire qu'outre l'usage et la bonne foi, la possession doit encore être appuyée sur une juste cause d'acquisition.

Je ne pense pas d'abord que ces résultats fussent obtenus dès l'époque d'Antonin. Il y a bien une constitution de cet empereur où il est dit : *Servitutem exemplo rerum immobilium tempore quaesisti* (1). Mais il est bien difficile d'affirmer que l'empereur a entendu faire une assimilation absolue entre les deux cas, et il paraît plus probable qu'il a voulu dire simplement : De même que les choses immobilières peuvent être acquises par le long usage, de même pourront l'être les servitudes prédiales. J'irais jusqu'à dire que ceci est évident, si l'on pouvait ajouter plus de foi à l'ordre qui aurait dû présider à la compilation du Digeste ou du code, car la constitution que nous rapportons vient immédiatement après une autre constitution où le même empereur Antonin expose les conditions de l'acquisition des servitudes par l'usage, sans mentionner ni une période de temps bien déterminée, ni la nécessité d'une juste cause : *modò si is, qui pulsatur, nec vi, nec clàm, nec precariò possidet* (2). Je reconnais que cette observation purement-matérielle n'est pas déterminante, mais peut-être aussi n'est-elle pas dénuée de toute valeur.

Enfin Justinien ne me semble pas avoir tranché définitivement cette difficulté. Résolvant diverses questions qui lui avaient été soumises à l'occasion des choses immobilières, il leur assimile d'une façon incidente

(1) Code, livre 3, titre 34, loi 2.
(2) Code, livre 3, titre 34, loi 1.

les servitudes prédiales, mais il n'est pas probable qu'il s'agisse non plus ici d'une assimilation complète. En prenant à la lettre la constitution de l'empereur on n'obtiendrait jamais que le résultat suivant : la bonne foi au commencement de la possession, et un usage de dix ans contre présents et vingt ans contre absents ; telles sont les conditions requises pour l'acquisition par l'usage soit des choses immobilières, soit des servitudes prédiales ; mais ni pour les unes ni pour les autres il n'est question de la nécessité d'une juste cause, et cependant cette juste cause est exigée par les Institutes pour l'acquisition des choses immobilières : *Novissimè sciendum est rem talem esse debere, ut in se non habeat vitium ut a bonæ fidei emptore usucapi possit velqui ex justâ causâ possidet* (1).

Voici au surplus, dans ses parties principales, la constitution dont il s'agit : *Cum in longi temporis præscriptione tres emergebant veteribus ambiguitates.... Omnes eas præsentis legis amplectimus definitione, ut nihil citrà eam relinquatur. Sancimus itaque debere in hujusmodi specie, utriusque personæ, tam petentis quàm possidentis spectari domicilium.... et si uterque domicilium in eadem habeat provinciâ causam inter præsentes videri esse, et decennii magis præscriptione agentem excludi.... tunc ut inter absentes causam disceptari, et locum esse vigenti annorum exceptioni.... Nemò posthac dubitet, neque inter præsentes, neque inter absentes, quid statuendum sit:*

----

(1) Institutes, livre 2, titre 6, par. 10.

ut bono initio possessionem tenentis, et utriusque par-
tis domicilio requisito sit expedita quæstio pro rebus
ubicumque positis, nulla scientia vel ignorantia ex-
pectandâ.... Eodem observando, et si res non soli,
sint, sed incorporales, quæ in jure consistunt, veluti
usus fructus et cæteræ servitutes (1).

VII

Établissement par tradition et quasi-tradition.

La tradition consiste dans le fait, par une personne, de remettre, de livrer volontairement une chose à une autre personne. Elle est, dans certains cas, un moyen de transférer la propriété de cette chose en même temps qu'elle en transfère la possession : *Singularum rerum dominia nobis adquiruntur... traditione* (2). C'est un mode d'acquisition qui appartient au droit des gens, et qui, par conséquent, n'est pas exclusivement réservé aux citoyens romains. Il ne transfère pas la propriété de toutes choses, mais seulement des choses *nec mancipi*, et parmi celles-là seulement des choses corporelles. *Res nec (mancipi nulla traditione abalienari) possunt; si modo corporales sunt, et ob id recipiunt traditionem. Incorporales res traditionem non recipere manifestum est* (3).

(1) Code, livre 7, titre 33, loi 12.
(2) Ulpien, *Regulæ juris*, titre 19, par. 2.
(3) Gaïus, comm. 2, par. 19 et 28.

5

Pour les choses corporelles, la possession se conçoit aisément; elle résulte tout à la fois et du fait de détenir la chose, et de l'intention d'en être propriétaire : la tradition s'explique aussi facilement. Mais, à proprement parler, il ne peut y avoir ni possession, ni tradition pour les choses incorporelles, pour les servitudes par exemple. Cependant, les jurisconsultes romains avaient admis quelque chose d'analogue à la possession et à la tradition, lorsqu'il s'agissait d'un droit exercé, et exercé avec l'*animus domini : c'est la quasi-possession et la quasi-tradition : fundi possessionem, vel ususfructus quasi possessionem* (1). *Omnium prædiorum*, dit Gaïus en définissant la quasi-tradition, *jure legati potest constitui ususfructus, ut hæres jubeatur dare alicui usumfructum. Dare autem intelligitur, si induxerit in fundum legatarium, eumve patiatur uti-frui* (2).

Si nous voulons faire application de ces idées générales à notre matière, nous verrons que, d'une part, les servitudes, choses incorporelles, n'ont jamais pu être établies par la tradition proprement dite; d'autre part, que, tout au moins dans le principe, la quasi-tradition ne les établissait pas davantage. Et, en effet, si la tradition, mode d'acquisition du droit des gens, pouvait transporter la propriété d'une chose *nec mancipi*, elle ne pouvait créer un usufruit ou une servitude sur cette chose. Le droit civil, qui reconnaît le *dominium*, acquis dans certains cas par un mode du droit des

(1) Dig., livre 4, titre 6, loi, 23, par. 2. Ulpien.
(2) Dig., livre 7, titre 1, loi 3, princip.

gens, ne reconnaît pas comme valable un droit de servitude ou un droit d'usufruit constitué de cette manière: *Civili enim actione constitui potest, non traditione, quæ juris gentium est* (1).

Non-seulement la tradition ou la quasi-tradition ne peut pas établir directement une servitude, mais un propriétaire ne peut même pas en établir indirectement, en faisant tradition d'une chose *nec mancipi*, et en retenant en même temps une servitude à son profit: *In re nec mancipi per traditionem deduci ususfructus non potest*, dit le jurisconsulte Paul (2). Le contraire a été cependant enseigné notamment par un professeur de la faculté de Paris, qui, du reste, a depuis rétracté son opinion (3). Cet auteur pensait qu'une véritable servitude personnelle ou réelle pouvait être établie par rétention dans la tradition. Il n'est pas besoin de faire observer que les deux textes de Paul que nous venons de citer et qui ont été découverts dans la collection des fragments du Vatican, établissent au contraire, d'une façon péremptoire, que la servitude ne peut pas plus résulter d'une déduction insérée dans la tradition que de la tradition elle-même (4).

Toutefois, la pratique ne fut pas, à cet égard, aussi rigoureuse que les principes. La jurisprudence et le droit prétorien admirent de bonne heure que la quasi-tradition pût être employée pour établir des droits ana-

(1) Fragments du Vatican, n° 47.
(2) Fragments du Vatican, n° 47.
(3) M. Ducaurroy, Institutes, n° 432, t. 1, p. 330.
(4) M. Pellat, Propriété et usufruit, n° 63, note 4.

logues aux droits de servitudes sur les fonds provinciaux ; et ainsi constitués, ces droits étaient protégés
par des institutions prétoriennes, telles que les interdits
utiles possessoires, et l'action Publicienne : le point est
constant par les textes suivants : *Ego puto usum eius
juris pro traditione accipiendum esse. Ideoque et interdicta veluti possessoria constituta sunt* (1). *Si de usufructu agatur traditio; Publiciana datur. Itemque de
servitutibus urbanorum prædiorum per traditionem
constitutis, vel per patientiam, forte si per domum
quis suam passus est aquæductum transduci. Item rusticorum. Nam et hic traditionem et patientiam tuen-
dam constat* (2). Ulpien a évidemment en vue ici une
quasi-tradition opérée par le propriétaire lui-même, qui
a autorisé sur son fonds l'établissement d'une servitude
d'aqueduc. Dans cette circonstance, la servitude n'existe
pas en vertu du droit civil, et il n'est donc pas possible
d'en faire la revendication directe ; tout ce qui est permis, c'est d'user d'un secours prétorien, de l'action
Publicienne. Sous Justinien, où les modes d'établissement du droit des gens sont confondus avec ceux du
droit civil, la Publicienne n'est plus nécessaire, à moins
que l'on ne suppose une servitude constituée *à non
domino.*

Ce que le préteur avait fait pour les fonds provinciaux, fut bientôt étendu même aux fonds italiques, sur
lesquels il fut dès lors permis de constituer les servitudes personnelles ou réelles, soit au moyen de la quasi-

(1) Dig., livre 8, titre 1, loi 20, Javolenus.
(2) Dig., livre 6, titre 2, loi 11, par. 1.

tradition, soit au moyen de pactes insérés dans la tradition. Bien entendu, les servitudes, ainsi établies selon
les formes prétoriennes, n'avaient droit qu'à une protection prétorienne : *Et parvi refert*, dit un fragment
d'Ulpien, *utrum jure sit constitutus ususfructus, an
vero tuitione prætoris. Proinde traditus quoque ususfructus scilicet in fundo stipendiario vel tributario, item
in fundo vectigali vel superficie, non jure constitutus,
capitis minutione amittitur* (1). Cette quasi-tradition ne
pouvait s'appliquer qu'aux servitudes positives, puisque
les servitudes négatives, n'étant pas susceptibles de
quasi-possession, ne pouvaient pas non plus être établies par ce moyen. Quant aux pactes faisant réserve
de la servitude dans la tradition d'un fonds, réserve
toute de tolérance prétorienne, voici encore des textes
qui montrent qu'il en pouvait être fait usage : *Et qui
duas areas habeat, alteram tradendo, servam alteri
efficere potest* (2). Puis encore : *Duorum prædiorum
dominus si alterum ea lege tibi dederit ut id prædium
quod datur serviat ei quod ipse retinet, vel contrà,
jure imposita servitus intelligitur* (3). Enfin, Ulpien
confirme cette proposition de la façon la plus explicite :
*Si quis duas ædes habeat, et alteras tradet, potest
legem traditioni dicere, ut vel istæ quæ non traduntur,
servæ sint his quæ traduntur, vel contrà, ut traditæ
retentis ædibus serviant. Parvique refert vicinæ sint
ambæ ædes, an non. Idem erit et in prædiis rusticis,*

(1) Fragments du Vatican, nº 61.
(2) Dig., livre 8, titre 2, loi 34. Julia.
   Dig., livre 8, titre 4, loi 3. Gaius.

Nam et si quis duos fundos habeat, alium alii potest servum facere tradendo. Duas autem œdes simul tradendo, non potest efficere alteras alteris servas : quid neque adquirere alienis œdibus servitutem neque imponere potest (1).

Le pacte pourrait être mis dans un contrat de vente ; mais alors la servitude ne serait pas dès à présent constituée, et même si le pacte n'était pas renouvelé au moment où la tradition interviendra, celle des parties à qui la servitude est due ne pourrait réclamer la concession qu'au moyen de l'actio *empti venditi* ou de la *condictio incerti*.

Sous Justinien, la mancipation et la cession juridique sont abolies, comme étant *vacuum et superfluum verbum per quod animi juvenum, qui ad primam legum veniunt audientiam, perterriti ex primis eorum cunabulis, inutiles legis antiquæ dispositiones accipiunt* (2). Dès lors, la tradition suffit dans tous les cas pour transférer la propriété, et la quasi-tradition pour établir les servitudes, du moins les servitudes positives qui seules en sont susceptibles ; et lorsque, dans la tradition d'un fonds, il intervient un pacte par lequel l'aliénateur se réserve une servitude au profit d'un autre fonds, ou, au contraire, ajoute au fonds qu'il aliène une servitude sur le fonds qu'il retient, cette servitude est, dès ce moment, établie comme droit réel, puisque les fonds retenus ou aliénés ne peuvent plus se compor-

(1) Dig., livre 8, titre 4, loi 6, princip.
(2) Code, livre 7, titre 25, loi unique.

ter que déduction faite des servitudes dont elles sont grevées, ou avec l'augmentation que leur procure la concession d'une servitude.

APPENDICE

Nous avons terminé ce qui est relatif à l'établissement des servitudes en droit romain, et étudié tous les
modes qui peuvent servir à cet établissement. Nous ne
rangerons pas en effet parmi ces modes un moyen exceptionnel qui peut, dans une certaine circonstance,
produire une servitude, et qui a quelque analogie avec
la *destination du père de famille* de notre droit français.

Il y a d'abord un texte qui exclut en droit romain la
destination du père de famille. Paul nous dit en effet :
*Si quis ædes, quæ suis ædibus servirent, cùm emis-
set, traditas sibi accepit, confusa, sublataque servitus
est : et si rursùs vendere vult, nominatim imponenda
servitus est : alioquin liberæ veniunt.* (1). Mais le
jurisconsulte Julien a imaginé une hypothèse où la servitude, un moment éteinte par la réunion des deux fonds
dans les mêmes mains, revivra, lorsque cette réunion
cessera. Voici ce texte : *Tria prædia continua trium
dominorum adjecta erant* (2).

Ainsi trois fonds sont voisins les uns des autres : le

---

(1) Dig., livre 8, titre 2, loi 30.
(2) Dig., livre 8, titre 3, loi 31.

propriétaire du fonds inférieur a une servitude de prise d'eau sur le fonds supérieur, et cette eau pour venir dans son fonds coule sur le fonds du milieu : *Et per medium fundum, domino concedente, in suum agrum ducebat.* Le propriétaire du fonds dominant vient à acheter le fonds servant; puis, plus tard, il revend le fonds dominant : la servitude existe-t-elle toujours? *Quæsitum est num imus fundus id jus aquæ amisisset?* La raison de douter, c'était la confusion qui s'était opérée : *Quia cum utraque prædia ejusdem domini facta essent, ipsa sibi servire non potuissent.* Mais le jurisconsulte décide que la servitude n'est pas perdue, et la raison qu'il en donne montre qu'il n'y a pas là positivement une exception à la règle donnée par Paul au titre précédent. La servitude n'est pas perdue, parce que rigoureusement la confusion ne l'avait pas éteinte; et en effet, le fonds par lequel l'eau coulait n'avait jamais appartenu au propriétaire du fonds inférieur : *Negavit amisisse servitutem, quia prædium per quod aqua ducebatur, alterius fuisset.* Or, pour grever le fonds supérieur d'une servitude de prise d'eau au profit du fonds inférieur, il fallait nécessairement que cette eau coulât sur le fonds intermédiaire; la servitude ne pouvait exister sans cela; de même cette servitude ne peut se perdre tant que l'eau coule sur le fonds intermédiaire, pourvu que ce fonds ne soit pas réuni au fonds dominant en même temps que le fonds servant, parce que ce passage de l'eau, indispensable à l'existence de la servitude, marque qu'elle est conservée : *Et quemadmodum servitus summo fundo, ut in imum*

*fundum aqua veniret, imponi aliter non potuisset,
quam ut per medium quoque fundum duceretur; sic
eadem servitus ejusdem fundi amitti aliter non posset, nisi eodem tempore etiam per medium fundum
aqua duci desiisset, aut omnium tria simul prædia
unius domini facta essent.*

Une question plus grave et que nous devons encore
traiter dans cet appendice, est celle de savoir si on peut
en établissant une servitude y ajouter un terme ou une
condition. Le principe général à cet égard nous est
donné par Papinien, en ces termes : *Servitutes ipso
quidem jure, neque ex tempore, neque ad tempus,
neque sub conditione, neque ad certam conditionem,
verbi gratiâ, quandiu volam, constitui possunt* (1).

La règle n'était pas là même pour les servitudes
personnelles comme l'usufruit, et si à leur égard la li-
mitation de durée, soit par un terme, soit par une condition, n'était pas permise dans tous les cas, cela ne tenait pas au droit lui-même, mais bien aux formes
solennelles des actes qui établissaient ces droits (2).
Pothier nous donne d'ailleurs la raison de cette différence : *Ratio disparitatis est quod servitutes personales
sint jura hominum, nec repugnet hominibus ad tempus concedi. At servitutes prædiales sunt qualitates
prædiis impressæ, quibus solo lapsu temporis aut solâ
alicujus conditionis existentiâ exui non possunt* (3).

(1) Dig., livre 8, titre 1, loi 4.
(2) M. Pellat, Propriété et usufruit, n° 68.
(3) Pothier, Pandect. de servitutibus, livre 8, titre 1, art. 3, par. 2, n° 28, note 1.

Les Romains regardaient donc les limitations de temps que les parties auraient voulu apporter aux servitudes prédiales, dans l'acte de constitution, comme contraires tout à la fois à leur nature et aux règles du droit civil. Si ces modalités étaient introduites, tantôt elles étaient simplement inutiles, sans influence sur la durée du droit; et tantôt elles annulaient complétement l'acte auquel elles se trouvaient ajoutées. C'est ce qui arrivait pour la mancipation, la cession juridique et l'adjudication ; elles étaient annulées par l'insertion de *dies* ou *conditio ex quâ* : au contraire, on pouvait insérer dans ces actes un terme ou une condition *ad quam*. La servitude commencera immédiatement ; mais elle s'éteindra à l'époque déterminée (1). Dans le legs on pouvait insérer, de l'avis de tous les jurisconsultes, toute espèce de terme ou de condition *ad quam* ou *ex quâ*, sans que le legs en fût plus vicié, que la mancipation, par exemple, ne l'aurait été de l'insertion d'un terme *ad quem.* Il y avait dans ce cas servitude constituée, mais elle exis ait purement et simplement, puisque, aux termes du texte de Papinien que nous venons de rapporter, ces diverses modalités n'avaient aucune portée selon le droit civil, *ipso jure.*

Au reste Papinien nous indique lui-même quelle avait été à cet égard la marche progressive du préteur : *Sed tamen, si hæc adjiciantur, pacti vel per doli exceptionem occurretur, contrà placita servitutem vindicanti* (2).

(1) Fragments du Vatican, n° 48, 145, 50.
(2) Dig., livre 8, titre 1, loi 4, princip.

Ainsi ces modalités que repoussait la rigueur des principes, le droit prétorien les admettait, et celui qui après s'y être soumis manquait à sa parole, celui-là pouvait être repoussé, soit par l'exception de pacte, soit par l'exception de dol.

Remarquons en finissant que par cette expression *modus*, on désigne le plus souvent, non pas la modalité engendrée par l'existence d'un terme ou d'une condition, mais spécialement la manière dont la servitude doit être exercée. Cette observation a son importance à plusieurs points de vue. Ainsi, par exemple, nous voyons dans un texte que celui qui réclame une servitude par l'action confessoire n'a pas besoin, dans l'*intentio*, d'indiquer la modalité, c'est-à-dire le *dies* ou la *conditio*, tandis que, sous peine de plus-pétition, il doit indiquer le *modus. Si (de) altiùs tollendo agat is qui in infinitum tollendi jus non habet, si non expresserit modum, plus-petendo causâ cadit, quasi intenderit jus sibi esse in infinitum tollere.* (1).

(1) Fragm. du Vatican, n° 53.

CHAPITRE III

DE L'EXTINCTION DES SERVITUDES.

C'est surtout à propos des causes d'extinction qui peuvent les atteindre que se manifestent les différences les plus saillantes entre les servitudes personnelles et les servitudes prédiales. La nature essentiellement dissemblable de ces deux droits, dont l'un est attaché à une personne et l'autre est attaché à un fonds, nous explique d'ailleurs facilement que, si certains événements peuvent mettre fin à tous les deux, il y en ait aussi quelques-uns dont le caractère spécial ne puisse pas être méconnu.

Parmi ces derniers, nous citerons comme étant propres aux servitudes personnelles, et par conséquent comme n'étant pas applicables dans notre matière, la mort du bénéficiaire du droit, ou sa déchéance d'état (1). Éteignaient encore les servitudes personnelles, l'usufruit par exemple, l'aliénation, l'affranchissement et la mort de l'esclave, la déchéance d'état et la mort du fils de famille, par lequel le *pater familias* l'avait acquise ; et, en effet, *ususfructus sine personâ esse non*

(1) C'est ainsi que M. Pellat traduit ces mots : *capitismihutio*, qui comportent en effet cette double idée d'un changement d'état, et de la privation de certains droits. (Propriété et usufruit, n° 95, note 1.)

potest (1). Cette cause d'extinction n'existe pas pour les servitudes réelles. Toutefois il n'est pas indifférent de savoir si la servitude, même prédiale, a été acquise par le *pater familias* lui-même, ou par quelqu'un qu'il a sous sa puissance. S'il s'agit d'une servitude personnelle, la cause d'extinction qui naîtra dans la personne de l'esclave ou du fils n'éteindra la servitude que si elle leur a été léguée *per vindicationem*, et non pas si elle est le résultat d'une stipulation faite par eux. Dans ce dernier cas, les événements qui frapperont l'esclave ou le fils n'altéreront pas le droit, et le motif de cette différence, c'est que dans un legs fait à une personne, *alieni juris*, la personne du maître s'efface à tous autres points de vue que celui de la faction de testament, tandis que dans la stipulation, c'est, au contraire, la personne du maître qui doit être exclusivement considérée. *Cum enim,* dit Paul, *servo alieno aliquid in testamento damus, domini persona ad hoc tantum inspicitur, ut sit cum eo testamenti factio : cæterùm ex personâ servi constitit legatum* (2). *Ususfructus,* dit encore Paul, *sine personâ esse non potest : et ideo servus hereditarius inutiliter usumfructum stipulatur* (3). L'usufruit légué à l'esclave ne profitera donc au maître qu'autant que ce maître le conservera sous sa puissance, et il dépendra pour sa durée de la vie du légataire.

En matière de servitude réelle, il n'y a pas lieu de

---

(1) Fragm. Vatican, n° 55.
(2) Dig., livre 31, loi 82, par. 2.
(3) Dig., livre 45, titre 3, loi 26.

distinguer le legs fait à l'esclave, de la stipulation qu'il aurait faite, du moins quant à l'extinction de la servitude. Un esclave a reçu par legs un droit de passage ; ce droit qui n'a reposé qu'un instant sur sa tête, pour aller s'asseoir d'une façon immuable sur un fonds, n'est pas subordonné, ni à sa condition, ni à son existence (1). Mais ce n'est pas à dire que nous laisserons complétement de côté les principes que nous venons d'exposer, et d'après lesquels le droit romain, lorsqu'il s'agissait d'un legs fait à une personne *alieni juris*, ne voulait envisager que cette personne, exception faite en ce qui concerne la faction de testament, tandis que lorsqu'il s'agissait d'une stipulation faite par la même personne, il ne considérait que le maître, le *dominus* ou le *pater familias*. Paul nous dit au contraire : *Servo via inutiliter legatur : stipulatur autem eam utiliter si dominus fundum habeat* (2). De là nous tirerons cette conséquence qu'une servitude réelle de passage ne peut être valablement léguée à un esclave, à moins qu'il n'ait un fonds dans son pécule, tandis qu'il pourra parfaitement la stipuler, si son maître possède un fonds : *Et si maximè testamenti factio cum servis alienis ex personâ dominorum est, ea tamen quæ servis relinquuntur ità valent si liberis relicta possent valere. Sic ad fundum domini via servo frustrà legatur* (3). *Servitus quoque servo prædium habenti rectè legatur* (4).

---

(1) Dig., livre 8, titre 6, loi 11, par. 1. Marcellus.
(2) Fragm. Vatican, nº 56.
(3) Dig., livre 33, titre 3, loi 5. Papinien.
(4) Dig., livre 32, loi 17. Maecianus.

Les différents modes d'extinction des servitudes prédiales que nous allons maintenant examiner sont communs, du moins en principe, car il y a encore de nombreuses divergences de détails, aux servitudes personnelles et aux servitudes réelles.

En voici la liste :

1° La perte de l'un des fonds, soit dominant, soit servant ;

2° La confusion ;

3° La remise faite par le propriétaire du fonds dominant ;

4° Le non-usage ;

5° La résolution du droit de celui qui a constitué la servitude.

6° L'expiration du temps fixé.

I

Extinction par perte ou destruction de l'un des fonds.

Puisque les servitudes ne peuvent exister qu'à la condition d'être attachées à deux héritages, elles doivent nécessairement s'éteindre dès que l'un des immeubles, dont elles dépendaient, vient à disparaître.

A cet égard, il faut distinguer soigneusement les servitudes urbaines et les servitudes rurales ; ces dernières, qui sont étroitement unies au sol, ne peuvent périr qu'avec lui, et il est rare qu'un terrain puisse périr entièrement ; d'où il suit que, hors ce cas tout à fait exceptionnel, elles subsistent indépendamment de tous les changements qui peuvent affecter la superficie : *Certo generi agrorum adquiri servitus potest, velut vineis: quod ea ad solum magis, quam ad superficiem pertinet ; ideò sublatis vineis, servitus manebit.* Quant aux servitudes urbaines, *quæ in superficie consistunt,* elles périssent en même temps que les constructions pour lesquelles elles existaient.

Les jurisconsultes romains se demandaient si la servitude pourrait revivre au cas où les choses seraient rétablies de façon à ce que l'on pût encore en user. La question ne pouvait pas se présenter, du moins dans la pluralité des cas, pour les servitudes rurales, qui subsistaient avec le sol malgré les obstacles apportés à leur exercice : Le non-usage seul, pendant le délai légal, pouvait les éteindre, et tant qu'il n'était pas accompli, l'obstacle cessant, la servitude reprenait son cours : *Si locus per quem via, aut iter, aut actus debebatur, impetu fluminis occupatus esset, et intrà tempus, quod ad amittendam servitutem sufficit, alluvione factà, restitutus est, servitus quoque in pristinum statum restituitur* (1). Pour les servitudes urbaines, la question était plus délicate, et la rigueur des principes devait conduire à la solution négative ; car, lorsqu'une maison est reconstruite, ce n'est évidemment plus la même que celle qui a été démolie, et la substance primitive qui a péri, a dû entraîner avec elle la ruine irrévocable de toutes les servitudes. Cependant Paul nous

(1) Dig., livre 8, titre 3, loi 13, princip. Javolenus.
(2) Dig., livre 8, titre 6, loi 14, princip. Javolenus.

indique que l'opinion contraire a prévalu, dans un but d'utilité : *Si sublatum sit œdificium, ex quo stillicidium cadit, ut eadem specie et qualitate reponatur, utilitas exigit, ut idem intelligatur : nam alioquin, si quid strictius interpretetur, aliud est quod sequenti loco ponitur* (1).

C'est aussi cette interprétation favorable qui a été adoptée par l'article 665 de notre Code civil.

Le sentiment le plus rigoureux a, au contraire, été maintenu par les deux législations, en ce qui concerne l'usufruit, sans doute parce que ce droit est temporaire et plus attaché à la forme de la chose que la servitude réelle, qui est perpétuelle et attachée au fonds (2).

II

Extinction par la Confusion.

Un propriétaire ne peut avoir une servitude sur son propre fonds ; lors donc que les héritages servant et dominant se trouveront réunis dans la même main, les servitudes seront éteintes par confusion. *Servitutes prædiorum confunduntur, si idem utriusque prædii dominus esse cœperit* (3). Nous avons eu déjà occasion de dire que, sauf dans une hypothèse toute spéciale, les servitudes ainsi éteintes ne revivraient pas, comme par la *destination du père de famille*, si la confusion ve-

(1) Dig., livre 8, titre 2, loi 20, par. 2.
(2) Dig., livre 7, titre 4, loi 5, par. 2. Ulpien.—Code civil, art. 624.
(3) Dig., livre 8, titre 6, loi 1. Gaius.

nait à cesser, et nous avons cité des textes à l'appui de cette opinion (1).

Pour que la confusion produise ainsi cet effet d'éteindre les servitudes, il faut qu'elle soit complète, c'est-à-dire que la même personne devienne en entier propriétaire des deux fonds. Nous avons plusieurs textes qui font une remarquable application de ce principe ; nous donnerons l'analyse des deux qui nous semblent les plus importants.

Paul, en premier lieu, s'exprime ainsi : *Si prædium tuum mihi serviat, sive ego partis prædii tui dominus esse cœpero, sive tu mei, per partes servitus retinetur, licet ab initio per partes adquiri non poterit* (2). Le fonds A appartient à Primus, et a droit à une servitude sur le fonds B, qui appartient à Secundus. Secundus meurt, laissant deux héritiers pour parts égales, et l'un d'eux est précisément Primus. Que va devenir la servitude? Il semble qu'elle doive être éteinte pour moitié par suite de la confusion. Mais le principe que nous venons de poser et la règle de l'indivisibilité s'y opposent : il faut que la servitude périsse en totalité ou qu'elle subsiste pour le tout; or, elle subsistera, dit notre texte, tant que la confusion ne sera pas complète.

Ensuite, c'est Papinien, qui s'explique dans le même sens sur une hypothèse un peu plus compliquée: *Unus ex sociis fundi communis permittendo jus esse ire agere, nihil agit. Et ideo, si duo prædia, quæ mutuo servie-*

(1) Voir l'Appendice au chapitre second.
(2) Dig., livre 8, titre 1, loi 8, par. 1.

*bant, inter eosdem fuerint communicata, quoniam
servitutes pro parte retineri placet, ab altero servitus alteri remitti, non potest. Quamvis enim
unusquisque sociorum solus est, cui servitus debetur, tamen quoniam non personæ, sed prædia de-
berent, neque adquiri libertas, neque remitti servus per
partem poterit* (1). Voici les faits qui donnent naissance
à la question que résout le jurisconsulte, après avoir
posé en principe que le communiste qui établit une servitude sur le fonds commun fait un acte nul, *nihil agit :*
Primus, propriétaire du fonds A, doit une servitude au
fonds B, qui appartient à Secundus ; mais bientôt Secundus devient avec Primus copropriétaire du fonds A.
— D'autre part, Secundus, propriétaire du fonds B,
doit une servitude au fonds A, qui appartient à Primus;
mais bientôt Primus devient copropriétaire du fonds B
avec Secundus. Il semble qu'il y a là une confusion de
nature à éteindre la servitude, et que les nouveaux copropriétaires devraient être autorisés à se faire remise
de celle qu'ils se doivent, dans la mesure de leur droit de
copropriété. Mais le jurisconsulte repousse cette solution,
et il en donne deux motifs. D'abord la confusion n'est
pas complète, et dès lors elle ne peut éteindre les servitudes *quæ pro parte retinentur.* Ensuite, et quoiqu'il
soit vrai que la servitude soit due à chacun des co-pro-
priétaires en particulier, et qu'à ce point de vue il
puisse y avoir intérêt à opérer la confusion, c'est cependant moins en faveur des personnes que des fonds

(1) Dig., livre 8, titre 3, loi 34, princip, Papinien.

que la servitude existe, et ce sont eux surtout qu'il faut prendre en considération.

Pothier nous explique parfaitement la règle appliquée dans ces deux lois, lorsqu'après avoir établi que la confusion n'éteindra les servitudes qu'autant qu'elle existera pour le tout : *Confunduntur quidem servitutes, quùm idem utriusque fundi, et dominantis et servientis, in solidum dominus esse cœperit*, il ajoute : *Retines enim servitutem propter partem quam in fundo dominante retines ; et pergo eam debere propter partem quam in fundo serviente retineo* (1).

III

Extinction par renonciation du propriétaire du fonds dominant.

La renonciation ou la remise que fait le propriétaire du fonds dominant en faveur du propriétaire du fonds servant peut être expresse ou tacite.

Expresse, elle résultera le plus souvent d'une *cessio in jure*. Le propriétaire du fonds servant so présentera devant le magistrat, et là, il intentera fictivement l'action négatoire ; le propriétaire du fonds dominant n'élèvera aucune contestation, et le magistrat déclarera, avec son consentement, que la servitude est éteinte.

Le propriétaire du fonds dominant pouvait aussi, sans doute, faire remise de la servitude, au moyen d'un pacte, c'est-à-dire d'une simple convention ; il en ré-

(1) Pothier, Pandect., livre 8, titre 6, par. 1, n° 3, et note 1.

sultait pour le propriétaire du fonds servant le droit de s'opposer à l'exercice de la servitude, et de répondre victorieusement par une exception à la revendication qu'en pourrait faire le propriétaire du fonds dominant.

Nous savons que Justinien n'avait pas conservé l'*in jure cessio*, et un texte nous apprend que pour l'extinction de l'usufruit, elle avait été remplacée par la *cessio*, par une cession ou une renonciation non solennelle. Probablement cette cession s'appliquait aussi aux autres servitudes (1). *Finitur ususfructus, si domino proprietatis ab usufructuario cedatur* (2).

La remise pouvait aussi être tacite, et alors elle résultait d'un fait dénotant de la part du propriétaire du fonds dominant l'intention de renoncer à la servitude, soit que ce fût l'autorisation de faire quelque chose qui en empêchait l'exercice, soit que ce fût toute autre circonstance. Le défaut de règles précises à cet égard avait même donné naissance à un assez grand nombre de difficultés. Pothier pose ainsi la règle générale : *Remisisse videtur, si eo concedente factum sit aliquid quo usus servitutis tollatur* (3). Paul nous dit de son côté : *Servitus itineris ad sepulchrum, privati juris manet : et ideo remitti domino fundi servientis potest* (4). Paul nous indique ailleurs un cas de remise tacite résultant d'une autorisation émanée du propriétaire du fonds do-

---

(1) M Pellat, Propriété et usufruit, n° 113.
(2) Institutes, livre 2, titre 4, par. 3.
3) Pothier, Pandect., livre 8, titre 6, par. 3, art. 7.
(4) Dig., livre 8, titre 1, loi 14, par. 1.

minant : *Si stillicidii immittendi jus habeam in aream
tuam, et permisero jus tibi in eâ areâ ædificandi, stillicidii immittendi jus amitto. Et similiter si per tuum
fundum via mihi debeatur, et permisero tibi, in eo
loco, per quem via mihi debetur, aliquid facere, amitto
jus viæ* (1). Ainsi, celui qui a le droit d'avancer sa gouttière sur un terrain, et qui autorise sur le lieu où il doit
exercer sa servitude quelque chose de nature à entra-
ver son droit, une construction, par exemple, celui-là
est censé y avoir renoncé. Pomponius ne s'est pas mis
en contradiction avec Paul, lorsqu'il nous dit que celui
qui, jouissant tout à la fois et de la servitude *non altiùs
tollendi*, et de la servitude *stillicidii immittendi*, n'est
pas censé renoncer à cette dernière, lorsqu'il autorise le
voisin à surélever ses constructions : *Quod ad stillicidium meum attinet, sic statui debebit, ut si, altiùs sublatis ædificiis tuis, stillicidia mea cadere in ea non
possint, ea ratione altiùs tibi ædificare non liceat : si
non impediantur stillicidia mea, liceat tibi altiùs tollere* (2). L'intention des parties, qui doit toujours être
consultée en semblables circonstances, ne permet pas
évidemment de confondre les deux hypothèses et de les
régler de même. Selon Pomponius, il s'agit d'un homme
qui a deux servitudes, dont l'exercice, dans une certaine mesure, est subordonné au même état de choses. Si, relativement à une servitude qu'il abandonne,
il permet de modifier cet état de choses, il est certain
que, pour ne pas dépasser sa volonté, il faut que ces

(1) Dig., livre 8, titre 6, loi 8, princip.
(2) Dig., livre 8, titre 2, loi 21.

modifications s'arrêtent là où la servitude qu'il a entendu conserver se trouverait atteinte. Dans le passage
de Paul, au contraire, il n'est question que d'une servitude, de la servitude *stillicidii immittendi*. Lors donc
que le propriétaire du fonds dominant permet à ses voisins d'élever ses constructions, cela ne peut s'entendre
que de constructions rendant impossible l'exercice de la
servitude, puisque pour les autres le voisin n'aurait pas
eu besoin de permission, et par conséquent la renonciation n'est pas douteuse.

Au surplus, la décision de Paul ne s'appliquera elle-
même qu'au cas où la permission sera pure et simple,
et non à titre précaire. *Hoc itâ*, dit Pothier, *si simpli-
citer, non si precariò duntaxat concesserit* (1). Papinien explique cette règle par un exemple : *Si precario
vicinus in tuo maceriam duxerit, interdicto, quod precariò habet, agi non potest : nec materiâ positâ, dona-
tio servitutis perfecta intelligitur ; nec utiliter inten-
detur jus sibi esse, invito te, œdificatum habere : cum
œdificium soli conditionem secutum, inutilem faciat in-
tentionem. Cæterum, si in suo maceriam precario, qui
servitutem tibi debuit, duxerit, neque libertas usucapie-
tur et interdicto, quod precario habet, utiliter cum eo
agitur. Quod si donationis causâ permiseris, et interdicto agere non poteris, et servitus donatione tollitur* (2). Le
voisin, dit le jurisconsulte, qui doit souffrir un passage,
ne peut se prétendre libéré, par cela seul qu'il a obtenu,
à titre de précaire, d'élever un mur de clôture qui em-

---

(1) Pothier, Pandect., livre 8, titre 6, par. 3, art. 7.
(2) Dig., livre 8, titre 6, loi 17.

pêche le passage, soit que ce mur se trouve sur son fonds
à lui, soit qu'il se trouve sur le fonds dominant. La servitude ne serait éteinte que si la concession du mur
avait été faite à titre de donation.

Il y aurait encore renonciation tacite dans le cas suivant : Le propriétaire du fonds servant l'aliène, en déclarant qu'il n'est grevé d'aucune servitude ; le propriétaire du fonds dominant participe à l'acte, et ne réclame
pas.

Observons que si le fonds dominant appartient à plusieurs propriétaires, la remise de la servitude n'est valable qu'autant qu'elle est faite par tous les copropriétaires. Un texte, que nous avons déjà expliqué, s'exprime ainsi : *Unus ex sociis fundi communis permittendo jus esse ire agere, nihil agit* (1).

IV

Extinction par le non-usage.

L'extinction par le non-usage est fondée sur une
présomption de remise ou d'abandon de la part du propriétaire du fonds dominant, et c'est aussi une peine
infligée à la négligence avec laquelle il défend son
droit ; et, en effet, soit qu'il provienne d'un abandon
tacite, soit qu'il provienne d'une négligence, le non-
usage démontre que l'asservissement anormal d'une
propriété à une autre a cessé d'être utile, et dès lors la

1) Dig., livre 8, titre 3, loi 34, princip. Papinien.

libération des héritages doit être prononcée. *Qui enim,* dit une constitution de Justinien, *in tam longo prolixo-que spatio suum jus minimè consecutus est, serâ pœ-nitentiâ ad pristinam servitutem reverti desiderat* (1).

Pour mettre un peu d'ordre dans cette matière assez difficile, nous rapporterons nos explications aux trois chefs qui suivent :

A. Conditions requises pour que cette extinction ait lieu.

B. Modifications de la servitude par le non-usage.

C. Législation de Justinien.

A. *Conditions requises pour que cette extinction ait lieu.*

Il faut d'abord faire une différence considérable entre les servitudes urbaines et les servitudes rurales, et c'est ici qu'apparaît de nouveau l'intérêt de la distinction que nous avons établie entre ces deux classes de servi-tudes.

Pour les servitudes rurales, qui ont un caractère dis-continu, il y a extinction par le non-usage, lorsque le temps fixé s'est écoulé, sans que la servitude ait été exercée, ni par le propriétaire, ni par le fermier, ni par personne, pour l'utilité du fonds. Pour les servi-tudes urbaines qui ont un caractère continu, et qui se conservent pour ainsi dire par elles-mêmes, il faut, outre le non-usage prolongé durant le délai légal, que le propriétaire du fonds servant ait acquis sa libération,

(1) Code, livre 3, titre 34, loi 14, *principium.*

c'est-à-dire qu'il ait fait quelque chose de contraire à l'exercice de la servitude, *quidquid innovatum*. Gaïus nous rend bien compte de cette différence : *Hæc autem jura similiter, ut rusticorum quoque prædiorum, certo tempore non utendo pereunt : nisi quod hæc dissimili-tudo est, quod non omnimodò pereunt non utendo : sed ità, si vicinus simùl libertatem usucapiat.* Et il indique, par des exemples, ce qu'il faut entendre par ces mots : *acte contraire.* Ce sera, suivant les cas, l'élévation du bâtiment au delà de la limite fixée, un obstacle apporté au droit de vue, le détournement d'une gouttière, l'enlèvement des poutres, etc., etc. *Veluti si ædes tuæ ædibus meis serviant, ne altiùs tollantur, ne luminibus mearum ædium officiatur : et ego per statutum tempus fenestras meas præfixas habuero, vel obstruxero, ità demùm jus meum amitto, si tu per hoc tempus ædes tuas altiùs sublatas habueris : alioquin, si nihil novi feceris, retineo servitutem. Item, si tigni immissi ædes tuæ servitutem debent, et ego exemero tignum ; ita demùm amitto jus meum, si tu foramen undè exemptum est tignum, obturaveris, et per constitutum tempus ità habueris. Alioquin, si nihil novi feceris, integrum jus meum permanet* (1).

Il résulte bien de ce texte que le non-usage d'une servitude urbaine produit par un acte contraire à cette servitude, émané du propriétaire du fonds dominant, ne suffirait pas pour en opérer l'extinction. La loi exige que le maître du fonds servant prenne lui-même

_____
(1) Dig., livre 8, titre 2, loi 6.

possession de la liberté de son héritage. Nous adopte-
rions une autre solution en droit français, et malgré
quelques controverses sur ce point, nous dirions qu'il
ne faut pas considérer de qui émane l'acte contraire à
la servitude, et que, dans tous les cas, il pourra amener
l'extinction par le non-usage. S'il en était autrement à
Rome, c'est que les servitudes urbaines s'y éteignaient
en réalité, non pas par le non-usage, mais par l'effet
de l'usucapion (1).

C'est encore pour ce motif que celui qui avait le
droit, par exemple, d'enfoncer sa poutre dans le mur
du voisin, ne perd pas ce droit, encore bien que le voisin n'ait pas eu de mur, pendant le temps fixé pour
perdre la servitude, parce qu'alors il n'a pu rien faire
qui y soit contraire, et que, par conséquent, il n'a pas
acquis sa libération : *Si cùm jus haberes immittendi,
vicinus statuto tempore ædificatum non habuerit, ideòque nec tu immittere poteris, non ideò magìs servitutem
amittes : quia non potest videri usucepisse vicinus tuus
libertatem ædium suarum, qui jus tuum non interpel-
lavit* (2).

Il est donc indispensable que le propriétaire du fonds
servant fasse quelque chose qui soit en opposition avec
le droit du propriétaire du fonds dominant, et les textes
précisent quelle devra être la nature de cet acte d'opposition.

Ainsi :

1° Cet acte doit être fait par celui qui possède le

---

(1) Art. 707.—M. Demolombe, Servitudes, n° 1009.
(2) Dig., livre 8, titre 6, loi 18, par. 2. Paul.

fonds asservi. —. Nous avons déjà examiné cette condition.

2° Il doit avoir un caractère continu, et cette continuité était exigée avec une rigueur même un peu sub-
tile, comme le prouve le texte suivant, dans lequel Pomponius nous dit qu'un arbre entravant un droit de vue
ne serait pas considéré comme un obstacle suffisam-
·ment perpétuel : *Quod autem œdificio meo me posse
consequi, ut libertatem usucaperem, dicitur, idem me
non consecutum, si arborem eodem loco sitam ha-
buissem, Mucius aït : et rectè, quia non ità in suo
statu et loco maneret arbor, quemadmodùm paries,
propter motum naturalem arboris* (1).

3° Il ne doit pas être le résultat d'une concession à
titre de précaire : *Si œdes meœ serviant œdibus Lucii
Titii, et œdibus Publii Mœvii, ne altiùs œdificare mihi
liceat, et à Titio precariò petierim, ut altiùs tollerem,
atque ità per statutum tempus œdificatum habuero,
libertatem adversùs Publium Mœvium usucapiam : non
enìm una servitus Titio et Mœvio debebatur, sed duœ.
Argumentum rei prœbet, quod, si alter ex his servitutem mihi remisisset, ab eo solo liberarer, altero nihilominùs servitutem deberem* (2).

4° Enfin l'acte contraire ne profite au propriétaire du
fonds servant qu'autant qu'il reste en possession. C'est
ce que dit aussi fort clairement le jurisconsulte Julien,
dans la loi que nous venons de citer. Il s'exprime ainsi :
Libertas servitutis usucapitur, si œdes possideantur :

---

(1) Dig., livre 8, titre 2, loi 7.
(2) Dig., livre 8, titre 2, loi 32, princip. Julien.

quare, si is, qui altiùs œdificatum habebat, antè statutum tempus œdes possidere desiit, interpellata usucapio est. Is autem, qui posteà easdem œdes possidere cœperit, integro statuto tempore libertatem usucapiet. Natura enim servitutum ea est, ut possideri non possint : sed intelligatur possessionem earum habere, qui œdes possidet (1).

Il est évident qu'il n'est pas nécessaire, pour que la servitude ne périsse pas par le non-usage, qu'elle soit exercée par le propriétaire du fonds dominant ou par quelqu'un des siens. C'est bien là la pensée de Pothier. *Hoc autem* (le non-usage) *contingit quùm nemo fundi dominantis nomine usus est* (2). *Nam satis est fundi nomine itum esse,* dit Celsus (3). L'usage de la servitude qui serait fait par l'usufruitier, par l'usager, par l'emphytéote, par le fermier, par le possesseur de bonne foi, la conserverait certainement au fonds : *Servitus et per socium, et fructuarium, et bonæ fidei possessorem nobis retinetur* (4). *Fructuarius, licet suo nomine* (5). Il suffit enfin que la servitude ait été exercée à l'occasion du fonds, par un ouvrier, par un ami, par un étranger même qui se serait servi, par exemple, du droit de passage pour faire une visite : *Usu retinetur servus, cum ipse, cui debetur, utitur, quive in possessionem ejus est : aut mercenarius, aut hospes,*

(1) Dig., par. 1.
(2) Pothier, Pandect., livre 8, titre 6, par. 4, art. 11.
(3) Dig., livre 8, titre 6, loi 6, princip.
(4) Dig., livre 8, titre 6, loi 5.
(5) Dig., livre 8, titre 6, loi 21. Paul.

aut medicus, quive ad visitandum dominum venit (1), *vel colonus, aut fructuarius* (2). Bien plus, l'exercice qu'en ferait le possesseur de mauvaise foi conserverait la servitude : *Licet malæ fidei possessor sit, retinebitur servitus,* dit Scævola (3).

L'usage qui est fait de la servitude à l'occasion d'un autre fonds que le fonds dominant, n'en empêche pas l'extinction. Le jurisconsulte Proculus applique ce principe dans une hypothèse pour laquelle il avait été consulté : Plusieurs propriétaires ont le droit de prise d'eau sur le fonds d'un voisin ; l'un d'entre eux a négligé d'user de son droit pendant le délai fixé : a-t-il perdu ce droit, ou l'a-t-il conservé au moyen de l'exercice des autres propriétaires ? Proculus répond : *Existimo eum jus ducendæ aquæ amisisse ; nec per cæteros qui duxerunt, ejus jus usurpatum esse : proprium enim cujusque eorum jus fuit ; neque per alium usurpari potuit* (4). Mais il indique qu'il faudrait adopter une autre solution, s'il s'agissait de plusieurs copropriétaires du même fonds.

C'est aussi le même motif qui a dicté cette décision de Paul ; *Servitute usus non videtur, nisi is, qui suo jure uti se credidit : ideòque si quis pro via publica, vel pro alterius servitute usus sit, nec interdictum, nec actio utiliter competit* (5). Et, en effet, le droit ne peut

(1) On trouve la même règle dans la loi 1, par. 7, livre 43, titre 19. Ulpien, Dig.

(2) Livre 8, titre 6, loi 20. Scævola, Dig.

(3) Livre 8, titre 6, loi 24. Dig.

(4) Livre 8, titre 6, loi 16. Dig.

(5) Livre 8, titre 6, loi 25. Dig.

exister qu'autant que celui qui l'exerce a conscience qu'il lui appartient.

Si le non-usage était le résultat d'une force majeure, la servitude n'en était pas moins éteinte en droit rigoureux; mais la faveur impériale avait, à ce qu'il paraît, autorisé dans ce cas la restitution prétorienne. Nous trouvons en effet, en ce sens, dans le Digeste, une question posée en ces termes par Papinien : *Si fons exaruerit, ex quo ductum aquæ habeo, isque post constitutum tempus ad suas venas redierit, an aquæductus amissus erit, quæritur?* (1). Et Paul, comme par réponse à cette question, rapporte un rescrit de l'empereur, à un certain Statilius Taurus, dans lequel il est dit que les demandeurs seront rétablis dans le droit qu'ils avaient perdu *non negligentiâ aut culpâ suâ....*, car, *hæc postulatio non iniqua visa est* (2).

La durée ordinaire du non-usage, pour l'extinction des servitudes tant rurales qu'urbaines, était de deux ans d'après le droit civil. *Viam, iter, actum, aquæductum, qui biennio usus non est, amisisse videtur* (3).

Nous verrons tout à l'heure comment Justinien a modifié cette règle. Le délai de la prescription pouvait quelquefois dépasser deux années. S'agissait-il, par exemple, d'une servitude de prise d'eau, imposée de telle façon que le propriétaire du fonds dominant ne pût en user que de deux années l'une, ou de deux mois l'un, ou l'été seulement, il fallait, pou rarriver à l'ex-

---

(1) Livre 8, titre 3, loi 34, par. 1. Dig.
(2) Dig. livre 8, titre 3, loi 35.
(3) Sentences de Paul, livre 1, titre 17, par. 1.

tinction, doubler le temps fixé, et Paul nous en donne la raison : *Quia non est continuum tempus, quo, cum uti non potest, non sit usus.* Mais il ajoute que si la servitude ne devait s'exercer que de deux jours l'un, ou le jour seulement, ou la nuit seulement, ou de deux heures l'une, ou une heure chaque jour, elle se perdrait par le non-usage dans le temps ordinaire, *quia una est servitus,* parce qu'il n'y a là, en définitive, qu'une seule et même servitude, malgré les conditions spéciales d'exercice qui lui sont faites (1). C'est précisément pour ce motif que je crois qu'il eût été plus rationnel d'adopter cette dernière solution dans tous les cas, ainsi que paraît l'avoir fait notre législateur français (2).

Nous trouvons aussi dans le Code la trace d'une controverse tranchée par Justinien, sur le point de savoir quelle devrait être la durée du non-usage extinctif d'une servitude, consistant, par exemple, à souffrir le passage du voisin, pour qu'il aille ou qu'il envoie ses ouvriers, une fois tous les cinq ans, abattre des arbres dans sa forêt. Les uns fixaient un délai de dix ans ; ils considéraient que ces dix ans n'en faisaient que deux, et ils comptaient que le jour de chaque lustre où la servitude pouvait être exercée équivalait à une année. D'autres émettaient des avis différents. L'empereur a décidé cette question en exigeant le laps de temps ordinaire qu'il avait introduit par une innovation dont nous nous occuperons plus tard (3).

(1) Dig., livre 8, titre 6, loi 7.
(2) Art. 706.
(3) Code, livre 3, titre 34, loi 14.

7

Pour calculer la durée du non-usage, il faut réunir le temps pendant lequel les divers possesseurs du fonds se sont abstenus d'user de la servitude. *Tempus, quo non est usus præcedens fundi dominus, cui servitus debetur, imputatur ei, qui in ejus loco successit* (1). Mais le possesseur qui commet cette négligence, puis qui aliène l'héritage avant que le délai ne soit expiré, ne peut pas porter préjudice à son successeur, et celui-ci, s'il exerce la servitude, la conservera. Pomponius donne cette décision, et l'appuie d'une raison spéciale à l'hypothèse qui l'occupe. Il s'agissait du legs d'une servitude resté inconnu du légataire, qui, par conséquent, n'avait pas exercé son droit, puis qui avait vendu le fonds dominant avant que l'extinction ne fût consommée. L'acheteur pourra exercer le droit et le conserver; car, d'une part, au moment de l'aliénation du fonds, la servitude appartenait bien au légataire; et, d'autre part, le fonds ne lui appartenant plus maintenant, il ne peut pas répudier le legs : *Quod si intrà idem tempus, antequàm rescires tibi legatam servitutem, tuum fundum vendideris, ad emptorem pertinebit via, si reliquo tempore ea usus fuerit : quia scilicet tua esse cœperat: ut jàm nec jus repudiandi legatum tibi posset contingere, cum ad te fundus non pertineat* (2). Le commencement de ce texte pose en principe que l'ignorance du droit n'empêche pas qu'il soit perdu par le non-usage : *Si per fundum meum viam tibi legavero, et aditâ meâ hereditate, per constitutum tempus ad amit-*

(1) Dig., livre 8, titre 6, loi 18, par. 1. Paul.
(2) Dig., livre 8, titre 6, loi 19, par. 1. *In fine.*

*tendam servitutem ignoraveris eam tibi legatam esse,
amittes viam non utendo* (1). Enfin, la même loi nous
apprend que le non-usage ne peut courir avant que la
servitude soit établie : *Si partem fundi vendendo, lege
caverim, uti per eam partem in reliquum fundum
aquam ducerem ; et statutum tempus interce.erit,
antequam rivum facerem, nihil juris amitto, quia nullum iter aquæ fuerit. Sed manet jus mihi integrum.
Quod si fecissem iter, neque usus essem, amittam* (2).

Pour terminer le point qui nous occupe, il ne nous
reste plus qu'à examiner trois cas dans lesquels, soit à
raison de certaines personnes, soit à raison de certaines
circonstances, l'extinction de la servitude ne se produira
pas, encore bien qu'il y ait non-usage. Cela arrivera :

1º Lorsque le fonds dominant appartiendra par indivis à plusieurs propriétaires, et que l'un d'eux aura
exercé son droit ;

2º Lorsque le fonds dominant appartiendra par indivis à un majeur et à un mineur, même si tous les deux
se rendent coupables de négligence ;

3º Lorsque la servitude est due à un lieu religieux,
protégé d'une façon spéciale.

Cette dernière exception s'explique d'elle-même, et
voici l'exemple que nous en donne Paul : *Iter sepulchro
debitum, non utendo nunquàm amittitur* (3).

Quant aux deux premières exceptions, elles ont
pour fondement les règles sur l'indivisibilité que nous

----

(1) Dig., livre 8, titre 6, loi 19, par. 1.
(2) Dig., livre 8, titre 6, loi 19, princip.
(3) Dig., livre 8, titre 6, loi 4.

avons posées plus haut. S'agit-il de communistes ordinaires, l'usage que l'un d'eux fait de la servitude la
conserve pour tous; car, d'un côté, il est vrai de dire
jusqu'à un certain point, qu'à raison des relations qui
les unissent, l'exercice de l'un a lieu au nom de tous les
autres, et d'un autre côté, conservée pour l'un d'eux,
la servitude a été par cela même nécessairement et à
raison de son indivisibilité conservée pour tous les
autres. *Nec enim pro parte amitti servitus potest*, dit
Pothier (1). Les textes abondent à l'appui de cette proposition. C'est d'abord un passage de Paul que nous
connaissons déjà : *Servitus et per socium, et fructuarium, et bonæ fidei possessorem nobis retinetur* (2).
C'est encore ce passage de Proculus, que nous avons
également rencontré déjà une fois : *Quod si plurium
fundo iter aquæ debitum esset, per unum eorum omnibus his, inter quos is fundus communis fuisset, usurpari potuisset* (3). S'agit-il d'un fonds appartenant par
indivis à un mineur et à un majeur, il n'est même pas
nécessaire que l'un d'eux ait fait usage de son droit ; la
prescription ne court pas contre le mineur ; quant à lui,
le non-usage est réputé non-avenu ; il ne lui fait pas
perdre la servitude, et dès lors le majeur ne peut pas la
perdre non plus, puisqu'elle est indivisible ; on applique
ce brocard attribué à Dumoulin : *Minor relevat majo-
rem in individuis*, brocard qui n'est que la traduction de
la règle formulée par Paul en ces termes : *Si communem*

---

(1) Pothier, Pandect., livre 8, titre 6, par. 4, n° 19, note 1.
(2) Dig., livre 8, titre 6, loi 5.
(3) Dig., livre 8, titre 6, loi 16.

fundum ego et pupillus haberemus, licet uterque non uteretur, tamen propter pupillum et ego viam retineo (1).

Remarquons que ces deux exceptions ne sont applicables qu'autant que l'héritage dominant est indivis. Après le partage, on considère qu'il y a autant de servitudes distinctes que de lots différents, et par conséquent la jouissance de l'un des propriétaires ou son incapacité ne protégent plus les autres : *Si divisus est fundus inter socios regionibus, quoad servitutem attinet, quæ ei fundo debebatur, perindè est ac si ab initio duobus fundis debita sit* (2).

Les articles 709 et 710 de notre Code civil reproduisent presque textuellement ces principes.

B. *Modifications de la Servitude par le non-usage.*

Notre Code civil dispose que : *le mode de la servitude peut se prescrire comme la servitude même, et de la même manière* (3). Les modes de la servitude sont les différentes manières dont elle peut être exercée, et c'est dans un passage de Papinien que nous trouvons cette définition : *Modum adjici servitutibus posse constat : veluti quo genere vehiculi agatur, vel non agatur, veluti ut equo duntaxat, vel ut certum pondus vehatur, vel grex ille transducatur, aut carbo portetur.*

_____

(1) Dig., livre 8, titre 6, loi 10.

(2) Dig., livre 8, titre 6, par. 1. Celsus. — Ce texte a été l'objet d'une longue explication, dans cette thèse, à propos de l'indivisibilité des servitudes.

(3) Art. 708.

*Intervalla dierum et horarum, non ad temporis cau-
sam, sed ad modum pertinent jure constitutæ servitutis* (1). Les Romains n'admettaient pas, au contraire,
que les modifications apportées dans l'exercice de la
servitude pussent avoir quelque influence sur sa nature
ou sur son existence ; selon eux, l'usage qui en était fait
d'une façon quelconque, la conservait dans son inté–
gralité : *Is, qui per partem itineris it, totum jus usur-
pare videtur* (2).

Or, ces modifications peuvent être de trois sortes
différentes : on peut faire plus que ce que l'on a droit
de faire ; on peut faire moins, et, enfin, on peut faire
autre chose. Il nous faut étudier l'application du principe romain à ces trois cas.

I. Le propriétaire du fonds dominant a fait plus que
ne le comportait le titre constitutif de la servitude. Tous
les textes nous disent, qu'en agissant ainsi, il n'acqué-
rait pas l'excédant, puisque les servitudes ne peuvent,
du moins en général, s'acquérir par l'usage, mais qu'il
conservait la servitude telle qu'elle existait d'abord. Le
moins est en effet contenu dans le plus : *Is, cui via vel
actus debebatur, ut vehiculi certo genere uteretur,
alio genere fuerat usus : Videamus ne amiserit servitutem : et alia sit ejus conditio, qui ampliùs oneris, quam
licuit, vexerit : magìsque hic plus, quàm aliud egisse
videatur : sicutì latiore itinere usus esset, aut si plura
jumenta egerit, quàm licuit, aut aquæ admiscuerit*

(1) Dig., livre 8, titre 1, loi 4, par. 1 et 2.
(2) Dig., livre 8, titre 6, loi 8, par. 1. Paul.

aliam. Ideòque in omnibus his quæstionibus servitus quidem non amittitur. Non autem conceditur plus, quàm pactum est, in servitute habere (1).

II. Le propriétaire du fonds dominant est resté en deçà de la limite qui lui était imposée pour l'exercice de la servitude. Les jurisconsultes romains considéraient que, dans ces circonstances, l'usage restreint qu'avait fait le propriétaire du fonds dominant n'annonçait pas infailliblement son intention de renoncer au reste, et que, dès lors, toute la servitude devait lui être conservée, encore bien qu'il n'en eût exercé qu'une partie, sans doute parce que ses besoins ne sollicitaient pas un exercice plus étendu. Le Digeste nous fournit un grand nombre de solutions en ce sens ; voilà les plus remarquables : *Qui latiore*, dit Paul, *vià vel angustiore usus est, retinet servitutem : sicuti qui aqua, ex qua jus habet utendi, alia mixta usus est, retinet jus suum* (2). *Qui iter et actum habet*, dit encore Paul, *si statuto tempore tantùm ierit, non periisse actum, sed manere, Sabinus, Cassius, Octavenus aïunt : nam ire quoque per se eum posse, qui actum haberet* (3). Enfin, citons encore ce passage de Javolenus : *Aqua, si in partem aquagii influxit, etiam si non ad ultima loca pervenit, omnibus tamen partibus usurpantur* (4). Ainsi, celui qui a le droit de conduire l'eau dans un canal à travers le fonds d'autrui, conserve la servitude

(1) Dig., livre 8, titre 6, loi 11, princip. Marcellus.
(2) Dig., livre 8, titre 5, loi 9, par. 1.
(3) Dig., livre 8, titre 6, loi 2.
(4) Dig., livre 8, titre 6, loi 9.

pour toute l'étendue du canal, quoique cette eau n'aille pas jusqu'au bout.

Remarquons que celui qui ne se sert que d'une partie de la servitude, parce qu'il croit que cette partie forme tout ce qui lui appartient, perd la partie de la servitude dont l'exercice aura été négligé. Paul nous donne cette solution pour l'usufruit; mais le motif qu'il indique, et qui n'est autre que l'intention du propriétaire et la croyance erronée où il est, permet de l'étendre aux servitudes : *Is, qui usumfructum habet, si tantùm utatur, quia existimet se usum tantum habere, an usumfructum retineat? Et si quidem sciens se usumfructum habere, tantùm uti velit, nihilominùs et frui videtur : si verò ignoret, puto eum amittere fructum : Non enim ex eo, quod habet, utitur, sed ex eo, quod putavit se habere* (1).

Il ne faut pas, au surplus, exagérer cette idée que l'exercice restreint d'une servitude n'empêche pas qu'elle soit intégralement conservée ; cela n'est vrai qu'autant qu'il n'est pas possible de considérer les différentes parties de la servitude comme des servitudes distinctes ; et, dans ce cas, l'usage de l'une d'elles seulement ne conserverait pas l'autre dont on n'aurait pas usé. C'est ce qui arrive dans cette hypothèse qu'examine Paul, et dans laquelle il s'agit de la concession successive de la même servitude de prise d'eau pour le jour et pour la nuit. Le jurisconsulte dit que, si la servitude n'a été exercée que la nuit, on aura perdu le

(1) Dig., livre 7, titre 4, loi 20.

droit de l'exercer le jour, *quia hoc casu plures sunt servitutes diversarum causarum* (1). La servitude peut, d'ailleurs, parfaitement être *una, nec diversas causas habere*, tout en étant due par plusieurs héritages ; ainsi serait, par exemple, un droit de passage devant s'exercer sur plusieurs fonds au moyen d'un sentier longitudinal. Quoique le propriétaire du fonds dominant n'ait pas passé, durant le temps fixé, sur tous les fonds, mais seulement sur quelques-uns d'entre eux, il conserve le droit de passer sur tous. C'est bien, en effet, à ce cas que se rapporte cette décision d'Ulpien : *Una est via, etsi per plures fundos imponatur : cum una servitus sit. Denique quæritur, an si per unum fundum iero, per alium non, per tantum tempus quanto servitus amittitur, an retineam servitutem? Et magis est, ut aut tota amittatur, aut tota retineatur. Ideòque si nullo usus sum, tota amittitur : si vel uno, tota servatur* (2). Elle ne s'appliquerait pas, au contraire, et la servitude devrait être considérée comme multiple, si elle était ainsi constituée, qu'elle dût s'exercer sur chacun des héritages assujettis par des chemins différents (3).

III. Le propriétaire du fonds dominant a fait autre chose que ce qu'il avait le droit de faire. Cela peut arriver principalement de deux manières : il avait le

(1) Dig., livre 39, titre 3, loi 17, princip.
(2) L.g., livre 8, titre 3, loi 18.
(3) Pothier, Pandect., livre 8, titre 6, par. 4, nº 15, note 5. — Voici cette note : *Scilicet si ab uno in alterum per unam eamdem que longitudinis lineam eatur. Quod si sic esset constituta, ut vel per unum vel per alterum diversis itineribus iretur, duplex esset servitus.*

droit de puiser de l'eau à telle heure du jour, et pendant le délai du non-usage, il en a puisé à telle autre heure. Ou bien : il avait le droit de prendre de l'eau à telle source, et *per statutum tempus*, il en a pris à telle autre.

Dans tous ces cas, et tous autres semblables, la servitude est complétement éteinte. D'une part, le droit tel qu'il était conféré par le titre se trouve perdu, puisque l'exercice en a été négligé pendant le temps requis pour consommer l'extinction ; d'autre part, aucun droit n'a pu être acquis à la place de celui-là, puisque, ainsi que nous le savons, le droit romain, au moins le droit civil, ne permettait pas l'acquisition des servitudes par l'usage. C'est là une double proposition sur l'exactitude de laquelle l'examen des textes ne peut laisser aucun doute. Paul pose d'abord le principe, en ce qui concerne les nouvelles assignations de temps, fondées sur un exercice contraire au titre de la servitude : *Si is, qui nocturnam aquam habet, interdiù per constitutum ad amissionem tempus usus fuerit, amisit nocturnam servitutem qua usus non est. Idem est in eo, qui certis horis aquæductum habens, aliis usus fuerit, nec ullâ parte earum horarum* (1). Ailleurs, c'est Pomponius qui manifeste la même opinion : *Si diurnarum aut nocturnarum horarum aquæductum habeam, non possum aliâ horâ ducere, quam qua jus habeam ducendi* (2). Enfin, le jurisconsulte Julien confirme la même règle, en y faisant une exception :

(1) Dig., livre 8, titre 0, loi 10, par. 1.
(2) Dig., livre 43, titre 20, loi 2.

Inter duos qui eodem rivo aquam certis horis separa-
tim ducebant, convenit, ut permutatis inter se tempo-
ribus aquâ aterentur : quæro, cùm ampliùs tempore ser-
vitutibus præfinito ita duxissent, ut neuter eorum suo
tempore usus esset, num jus utendi amisissent? Negavit
amisisse (1). Ici, en effet, il y a bien eu intervention
dans les heures d'exercice de la servitude ; mais cette
intervention n'a nui à personne. Ceux qui devaient jouir
de la servitude l'ont fait d'un commun accord, et celui
qui devait la souffrir ne peut prétendre que sa position
en soit empirée, ni même qu'elle en soit modifiée (2).
Paul déclare encore également nulles et annulant même
la servitude primitive, les nouvelles assignations de
lieux qui pourraient résulter de l'usage fait par le propriétaire du fonds dominant : *Si quis aliâ aqua usus*
fuerit, quàm de qua in servitute imponendâ actum est,
servitus amittitur (3).

Tous ces textes paraissent repousser et repoussent
bien en effet, selon nous, les distinctions que l'on pourrait être tenté de faire, suivant que ces nouvelles assignations seraient plus ou moins avantageuses que les
anciennes pour le fonds dominant, plus ou moins oné-

---

(1) Dig., livre 43, titre 20, loi 5, par. 1.

(2) Nous n'ajoutons pas avec Pothier : *Alter enim pro altero utendo*,
sibi invicem jus suum servaverunt. (Pand., livre 8, titre 6, par. 4, n° 13,
note 2.) Je ne pense pas que tel soit le motif véritable de cette exception :
ceux qui ont droit à la servitude ne sont pas, dans l'espèce, *socii*, ni quant
aux fonds, ni quant à la servitude qui est due à chacun d'eux d'une façon
distincte ; ils n'ont donc pas mission de se représenter l'un l'autre ; et la
convention qu'ils ont faite, étant une *res inter alios acta*, pourrait fort
bien être considérée comme nulle par le propriétaire du fonds servant, qui
invoquerait alors les principes d'extinction du droit commun.

(3) Dig. 3, livre 8, titre 6, loi 18, *principium.*

reuses pour le fonds servant que celles dont on n'a pas joui. Le principe doit toujours être maintenu d'une façon invariable.

Lorsque la servitude elle-même est éteinte par le non-usage, les droits accessoires au moyen desquels la servitude s'exerçait sont éteints aussi avec elle, et cela alors même que l'on aurait usé de ces droits accessoires. Il peut être souvent difficile de décider en fait si le droit que l'on prétend éteint comme droit accessoire ne doit pas, au contraire, être conservé comme servitude principale et distincte de celle dont il n'a pas été fait usage ; mais cette difficulté pratique ne doit pas faire fléchir la théorie ; et, d'ailleurs, il y a des cas où le doute n'est pas possible. Supposons, par exemple, au profit du propriétaire d'un héritage le droit de puiser de l'eau à la fontaine du voisin, et seulement comme moyen accessoire de la servitude de puisage, le droit de passer sur le fonds du même voisin : *scilicet iter, quod non principaliter, sed tanquàm accessorium servitutis haustus habet,* comme le dit Pothier (1). Le propriétaire est resté, pendant le temps légalement exigé pour l'extinction de son droit, sans puiser de l'eau à la fontaine ; mais il a toujours passé sur le fonds. Il aura perdu tout à la fois et le droit de puisage et le droit de passage. C'est la décision que Pomponius rapporte, d'après Labeon, dans l'hypothèse qui nous occupe : *Labeo aït : Si is qui haustum habet, per tempus quo servitus amittitur ierit ad fontem, nec aquam hau-*

_____

(1) Pandect., livre 8, titre 6, par. 4, n° 13, note 3.

serit, iter quoque eum amisisse (1). Ce n'est d'ailleurs que l'application d'une règle plus générale, ainsi formulée par Paul : *Cum principalis causa non consistit, ne ea quidem, quæ sequuntur, locum habent* (2).

C. *Législation de Justinien.*

Il nous reste à examiner deux Constitutions de l'empereur Justinien, rendues toutes les deux eu 531, et qui, cependant, n'ont pas trouvé place dans le Digeste, qui ne fut fait qu'en 533. La première édicte une innovation générale et fort importante quant à la durée de la prescription qui doit éteindre les servitudes. Elle substitua, en cette matière, au laps de temps de l'usucapion civile, qui était de deux ans, le laps de temps du droit prétorien, qui était de dix ans contre présents, et de vingt ans contre absents. Voici comment est conçue cette constitution célèbre : *Sicut usumfructum qui non utendo per biennium in soli rebus, per annale autem (tempus) in mobilibus vel se moventibus diminuebantur, non passi sumus hujusmodi sustinere compendiosum interitum, sed ei decennii vel viginti annorum dedimus spatium. Itâ et in cæteris servitutibus obtinendum esse censuimus, ut omnes servitutes non utendo amittantur, non biennio (quia tantummodò soli rebus annexæ sunt), sed decennio contrà præsentes, vel viginti spatio annorum contrà absentes; ut sit in omnibus hujusmodi rebus causa similis, explosis dif-*

(1) Dig., livre 8, titre 6, loi 17.
(2) Dig., livre 50, loi 129, par. 1.

ferentiis (1). La seconde constitution, dont nous nous nous sommes déjà occupés, est d'un intérêt plus spécial. Elle résout, d'après les nouveaux principes, une question fort controversée chez les anciens auteurs, celle de savoir par combien de temps de non-usage serait éteinte la servitude consistant dans le droit de passer tous les cinq ans sur le fonds asservi pour faire une coupe dans une forêt. La législation impériale décide qu'elle sera perdue par vingt ans de non-usage : *Nobis placuit ità causam dirimere, ut, quia jam per legem latam à nobis prospectum est, ne servitutes per biennium non utendo depereant, sed per decem vel viginti annorum caricula, et in proposita specie si per quatuor quinquennia, nec uno die vel ipse, vel homines ejus eadem servitute usi sunt, tunc eam penitùs amittat viginti annorum desidia* (2). Nous n'avons rien à ajouter aux explications que nous avons déjà données sur ce texte (3).

Justinien, dans la Constitution 13 que nous venons de citer, rappelle que, par une autre Constitution relative à l'usufruit, et datée de l'année 530, il avait déjà décidé que le droit de l'usufruitier finirait, non plus par défaut d'usage pendant le court espace d'un an ou de deux ans, mais qu'il faudrait désormais dix ans ou vingt ans, suivant que le délai courrait contre présents ou contre absents : *Sicut usumfructum......* dit l'Em-

(1) Code, livre 3, titre 34, loi 13.
(2) Code, livre 3, titre 34, loi 14.
(3) Voir ce que nous disons dans cette thèse au sujet des conditions requises pour l'extinction par le non-usage.

pereur, *ità et in cæteris servitutibus obtinendum esse censuimus*

...... Voici le texte de la Constitution à laquelle il est fait allusion : *Sed nos hoc decidentes sancimus, non solùm actionem, quæ de usufructu nascitur, sed nec ipsum usumfructum non utendo cadere ; nisi tantummodò morte usufructuarii, et ipsius rei interitu ; sed usumfructum, quem sibi aliquis adquisivit, hunc habeat, dum vivit, intactum ; cum multæ et innumerabiles causæ rebus incidant mortalium, per quas homines jugiter retinere, quod habent, non possunt ; et est satis durum per hujusmodi difficultates amittere, quod semel possessum est; nisi talis exceptio usufructuario opponatur, quæ, etiamsi dominium vindicaret, posset eum præsentem vel absentem excludere* (1). Ce sont, surtout, ces derniers mots auxquels nous devons nous attacher : L'usufruit ne finira plus par le non-usage, dit notre loi, à moins que l'on ne puisse opposer à l'usufruitier une exception telle qu'elle pût aussi le repousser, s'il revendiquait la propriété.

L'interprétation de ce passage a donné naissance à une controverse sérieuse, soulevée aussi bien à propos de l'usufruit qu'à propos des servitudes prédiales ; nous ne nous en occuperons qu'à ce dernier point de vue.

Voici la manière parfaitement claire dont M. Pellat pose la question : « La réforme de Justinien ne s'ap-

---

(3) Code, livre 3, titre 33, loi 16, par. 1. — Le *principium* et le paragraphe 2 ne nous intéressent pas.

« plique-t-elle qu'au délai, qu'elle prolonge jusqu'à
« dix ou vingt ans, ou va-t-elle plus loin, et consiste-
« t-elle en ce que *la servitude* ne finira plus par le sim-
« ple non-usage, mais qu'il faudra, pour faire déchoir
« *le propriétaire* de son droit, des circonstances telles
« qu'une exception pût lui être imposée s'il revendi-
« quait la propriété, en sorte que *le propriétaire du*
« *fonds dominant*....... ne perdra pas *sa servitude*
« pour avoir négligé de jouir, si un autre n'a pas pos-
« sédé pendant le temps, et avec les conditions propres
« à fonder la nouvelle usucapion ou prescription de
« long temps » (1).

Quelques auteurs, appliquant textuellement les expressions dont se sert Justinien dans la Constitution 16,
en ont conclu qu'à partir de cet empereur, les servitudes
ne pouvaient plus s'éteindre par le non-usage seulement, c'est-à-dire par la simple négligence de ceux
qui y avaient droit, mais qu'il fallait en outre, pour toutes
les servitudes, tant rurales qu'urbaines, que le propriétaire asservi eût acquis sa libération en faisant quelque
chose de contraire à leur existence, en un mot, qu'il
eût accompli l'usucapion, comme cela serait exigé, s'il
s'agissait de la propriété : *Nisi talis exceptio usufruc-*
tuario opponatur, quæ etiamsi dominium vindicaret,
posset eum..... excludere (2).

Cette interprétation ne nous paraît pas admissible,

_____

(1) M. Pellat, Propriété et usufruit, n° 112, note 4. — M. Pellat n'examine la question qu'au point de l'usufruit.

(2) Voyez en ce sens M. Ducaurroy, Inst. nouv. expliquées, t. 1, p. 145,
n° 438.

et nous pensons que la réforme de Justinien n'atteint que le délai dans lequel l'extinction par non-usage devait être accompli, et qu'il a modifié ainsi que nous le savons. L'examen attentif des textes le démontre avec évidence. Dans la Constitution 13, celle qui est spéciale aux servitudes, et qui ne renvoie qu'incidemment à la Constitution 16 du titre de l'usufruit, quelle est la question qui est résolue ? Une question de délai et pas autre chose. *Sicut usumfructum qui non utendo per biennium in soli rebus, per annale autem tempus in mobilibus, vel se moventibus diminuebatur, non passi sumus hujus modi sustinere compendiosum interitum, sed ei decennii vel viginti annorum dedimus spatium...... ... Censuimus ut omnes servitutes non utendo amittantur, non biennio...... sed decennio..... vel viginti spatio annorum* (1). La Constitution 14 tranche encore une question de délai, celle qui était traitée dans les livres des Sabiniens à propos de la durée du non-usage extinctif du droit de passer tous les cinq ans sur le fonds asservi pour aller abattre des arbres dans une forêt (2). Enfin, la Constitution 16 elle-même semble bien être conçue dans le même esprit (3). Ce n'est donc qu'une modification dans les délais usités que l'empereur a eu en vue.

Il n'est pas possible, d'ailleurs, que Justinien ait voulu abroger, dans ce qu'elle a de plus utile et de plus intéressant, la distinction précédemment établie entre

(1) Code, livre 3, titre 34, loi 13.
(2) Code, livre 3, titre 34, loi 14.
(3) Code, livre 3, titre 33, loi 16, par. 1.

les servitudes de fonds urbains et les servitudes de fonds ruraux. Sa volonté aurait échoué dans cette œuvre contre la nature même des droits dont il s'agissait. Les servitudes urbaines, celles qui consistent en superficie, offrent un caractère de continuité que rien ne peut leur enlever, et que n'ont pas, au contraire, les servitudes rurales ; et la conséquence indispensable de ceci est que, pour ces dernières, le non-usage opère seul l'extinction, tandis que, pour les premières, il faut de plus que le propriétaire du fonds servant *usucapiat libertatem*, suivant l'expression dont se servent les textes : *Servitutes prædiorum rusticorum...... Tales sunt ut non habeant certam continuamque possessionem; nemo enim tàm perpetuò, tàm continenter ire potest, ut nullo momento possessio ejus interpellari videtur* (1). Justinien n'a pas abrogé cette distinction par les Constitutions précitées, puisqu'il la reproduit dans les Institutes qui leur sont postérieures (2). Elles ne datent que de 533. Il est donc certain que, dans la pensée de l'empereur, comme dans la réalité des choses, l'exercice des servitudes rurales, qui est discontinu, peut avoir cessé complétement, et depuis longtemps, sans que le propriétaire du fonds servant ait fait aucun acte contraire à leur existence.

Au surplus, si l'on veut prendre à la lettre ces mots : *Nisi talis exceptio usufructuario opponatur quœ, etiamsi dominium vindicaret, posset eum.... excludere*, on doit aller plus loin ; on doit décider qu'il faut

(1) Dig., livre 8, titre 1, loi 14, princip. Paul.
(2) Inst., livre 2, titre 3, princip. et par. 1.

que le propriétaire du fonds servant, pour obtenir sa libération, ait fait un acte contraire à la servitude, qu'il ait eu une possession contradictoire du droit du propriétaire du fonds dominant ; mais on doit ajouter aussi que cet acte contraire doit avoir été fait par lui de bonne foi et en vertu d'un juste titre, car tout cela serait indispensable s'il s'agissait de la propriété. Or n'est-il pas évident que jamais, pour ainsi dire, celui qui voudra se libérer de la servitude qu'il doit, n'entreprendra cette libération avec bonne foi et en vertu d'un juste titre ? De sorte que jamais, dans notre matière, on ne pourra appliquer la prescription ordinaire de dix ans ou de vingt ans, et que la seule prescription possible sera celle de trente ans, la *longissimi temporis præscriptio*. Il n'y a, en effet, que deux cas exceptionnels, comme l'a fait observer M. Ortolan, dans lesquels on rencontrera les conditions habituellement exigées pour la prescription de dix ans ou de vingt ans, et ces deux cas sont : 1° celui où un tiers aurait acquis et possédé de bonne foi le fonds servant, comme franc et quitte de la servitude dont, en réalité, il était grevé ; 2° celui où le propriétaire du fonds servant aurait acquis de bonne foi sa libération de la servitude, d'un tiers qui serait autre que le propriétaire du fonds dominant. En dehors de ces circonstances bizarres et insolites, il ne peut y avoir ni juste titre ni bonne foi, et alors il faudrait dire que la durée normale du non-usage extinctif des servitudes serait toujours de trente ans, sans distinction d'absence ou de présence.

Remarquons que cette conclusion, fût-elle admise, ne

devrait pas empêcher de tenir compte de la différence qui existe entre les servitudes de fonds urbains et les servitudes de fonds ruraux, et d'exiger quelque chose de plus pour les premières que pour les dernières. Mais la conclusion elle-même est repoussée d'une façon péremptoire par tous les textes que nous avons cités, qui parlent constamment d'une prescription de dix ans contre présents, et de vingt ans contre absents.

L'opinion que nous combattons, amenée à ses conséquences extrêmes, mais logiques et inévitables, ne peut donc se soutenir, et nous devons la repousser (1).

V.

Extinction par suite de la résolution du droit de celui qui a constitué la servitude.

On ne peut transmettre à autrui plus de droit que l'on n'en a soi-même ; d'où il résulte que la servitude doit disparaître et s'éteindre avec le droit de celui qui l'a consentie. C'est ce que décide Marcellus, dans l'espèce suivante : Un héritier a imposé des servitudes sur un fonds légué sous condition ; si la condition se réalise, ces servitudes seront éteintes : *Heres , quàm legatus esset fundus sub conditione, imposuit ci servitutes ; extinguentur, si legati conditio existat* (2).

_____

(1) Voyez en ce sens des observations très-concluantes de M. Ortolan, Explic. hist. des Institutes, t. 1, page 425 et pages 435 et 436. — Aussi, M. Pellat, Propriété et usufruit, n° 112, note 4.—Enfin, M. Demangeat, à son cours, enseignait aussi cette opinion.

(2) Dig , livre 8, titre 6, loi 11, par. 1.

Mais il est important de faire ici la remarque que fait Pothier : *Extinguitur servitus si jus ejus qui illam prædio imposuit, resolutum fuerit ex causâ antiquâ et necessariâ* (1) ; *causa antiqua*, c'est-à-dire une cause inhérente au droit lui-même, et contemporaine de son établissement ; *causa necessaria*, c'est-à-dire forcée et non dépendante de la volonté de celui qui a concédé la servitude.

La résolution du droit du concessionnaire de la servitude ne l'éteindra pas ; c'est ce que dit la fin de notre texte. Celles que cet héritier auraient acquises passeraient-elles au légataire ? On doit répondre affirmativement : *Videamus an acquisitæ sequantur legatarium ? Et magis dicendum est ut sequantur* (2). La servitude est en effet acquise non pas *in personam*, mais *in rem*.

VI

Extinction par l'expiration du temps fixé ou par l'arrivée de la condition.

Il est évident que ce mode d'extinction des servitudes n'existait pas selon les principes rigoureux du droit civil, puisque l'on n'admettait pas qu'une servitude pût être établie *neque ex tempore, neque ad tempus, ne-*

---

(1) Pand., livre 8, titre 6, par. 2, nº 6.
(2) Dig., livre 8, titre 6, loi 11, par. 1. *In fine*. Marcellus.

que sub conditione, neque ad certam conditionem (1).

Nous savons que le droit prétorien avait corrigé cette rigueur : *Sed tamen, si hæc adjiciantur, pacti vel per doli exceptionem occurretur contrà placita servitutem vindicanti* (2). Même à cette époque, il n'y avait donc pas un mode d'extinction direct et de plein droit ; seulement on faisait respecter la volonté des parties au moyen de l'exception de dol ou de pacte.

(1) Dig., livre 8, titre 6, loi 4, Papinien.
(2) Idem.

DROIT FRANÇAIS

CHAPITRE Ier

PRÉLIMINAIRES.

L'art. 637 nous donne la définition des servitudes : « C'est, dit-il, une charge imposée sur un héritage pour « l'usage et l'utilité d'un héritage appartenant à un au- « tre propriétaire, »

Les servitudes proprement dites sont appelées servitudes réelles, par opposition aux servitudes personnelles, dont elles diffèrent sur les deux points suivants :

1° Elles ne peuvent être établies que sur un héritage au profit d'un autre héritage, tandis que les servitudes personnelles, telles que l'usufruit, peuvent l'être sur toute espèce de biens, meubles ou immeubles (581).

2° Elles sont un démembrement perpétuel de la propriété, tandis que les servitudes personnelles n'ont qu'une durée temporaire. Nous remarquerons toutefois que les servitudes qui dérivent de la situation des lieux, et celles qui sont établies par la loi, ne constituent pas, à proprement parler, un démembrement, une modification de la propriété dont elles forment la condition normale. Aux yeux du droit civil, les servitudes établies par le fait de l'homme sont les seules qui aient ce caractère. Il faut remonter aux époques tout à fait primitives et presque sauvages, pour trouver la propriété foncière dans cet état de liberté et d'indépendance absolue que le droit naturel lui assurait, mais que les législations civilisées ont dû restreindre et limiter. On ne peut dire qu'une propriété soit en servitude parce que son existence est ainsi réglée, qu'elle ne puisse ni porter atteinte aux autres propriétés qui sont proches d'elle, ni déroger aux lois qui intéressent l'ordre public.

Nous n'aurons du reste à nous occuper dans ce travail que des servitudes qui sont établies par le fait de l'homme.

La règle générale, posée par l'art. 686, est la liberté la plus absolue accordée aux propriétaires d'établir sur leurs fonds telles servitudes qu'ils voudront,

Pourvu que :

1° Elles ne soient pas contraires à l'ordre public ;

2° Elles ne soient imposées ni à la personne, ni en faveur de la personne.

La première restriction se comprend d'elle-même : si la seconde n'existait pas, les servitudes se confondraient avec les obligations, ou bien elles constitueraient un démembrement perpétuel du droit de propriété au profit de la personne, c'est-à-dire précisément une espèce de droit que les lois de la révolution ont soigneusement prohibée.

En droit français comme en droit romain, les servitudes ne consistent qu'à souffrir ou à ne pas faire. Elles ne consistent pas à faire, et n'ont aucun rapport avec les services fonciers ou corvées du droit féodal, également effacés de nos nouvelles constitutions.

Nous trouvons dans le droit romain une exception à cette règle à propos de la servitude *oneris ferendi*. Cette exception se retrouve en droit français, et y est même plus générale. En effet, les art. 698 et 699 disent que les travaux nécessaires à l'usage ou à la conservation de la servitude sont à la charge du propriétaire du fonds dominant. Cependant le titre et la convention des parties peuvent décider le contraire, et mettre toutes ces dépenses à la charge du propriétaire du fonds servant, qui est alors, en quelque sorte, tenu de *faire*, si bien que pour s'affranchir de cette charge, l'art. 699 l'autorise à délaisser le fonds. Toutefois, il y a dans l'obligation du propriétaire assujetti aux dépenses de réparation et d'entretien, plutôt une obligation accessoire à une servitude, qu'une servitude proprement dite. Cette charge est cependant purement réelle. Toute autre obligation de faire qui lui serait imposée, et qui n'aurait pas pour objet les ouvrages nécessaires pour conserver la servitude et pour en user, ne devrait pas être admise (1).

Pour qu'il y ait servitude entre deux fonds, il faut donc qu'il existe entre eux telle relation que le fonds servant en soit amoindri, déprécié, et que le fonds dominant en soit au contraire amélioré, avantagé ; et cette relation doit être considérée dans les héritages, et non pas dans leurs propriétaires (2).

(1) Art. 637 et 686.
(2) *Servitus realis est*, disait Cæpolla, *quæ debetur a re rei.* (De servitu-tibus, tract. 1, cap. 11, n° 1.)

Peu importe que les fonds ne soient pas contigus, si leur voisinage suffit pour que cette relation puisse utilement exister. Le voisinage s'apprécie en cette matière, dit Vinnius, *non ex prædiorum conjunctione vel confinio, sed ex commoditate utendi* (1).

Les servitudes sont urbaines ou rurales, aux termes de l'art. 687, suivant qu'elles sont établies, soit pour l'usage des bâtiments, soit pour l'usage des fonds de terre. Cette distinction n'a pas d'application pratique, et elle est irrationnelle, car elle fait dépendre le caractère de la servitude de la nature du fonds dominant.

Les servitudes sont encore continues ou discontinues, suivant que leur existence dépend ou ne dépend pas du fait actuel de l'homme. Le droit romain n'avait pas fait cette distinction entre les servitudes, et nous la trouvons pour la première fois dans les anciens auteurs qui ont écrit sur le droit français (2).

Enfin on distingue parmi les servitudes celles qui sont apparentes et celles qui ne le sont pas. La loi nous dit : « Les servitudes apparentes sont celles qui s'an-« noncent par des ouvrages extérieurs.... Les servi-« tudes non apparentes sont celles qui n'ont pas de si-« gne extérieur de leur existence..... (3). »

Cette distinction, également inconnue aux Romains, a, au point de vue de l'établissement des servitudes par prescription, une utilité capitale.

(1) Ad Institut. de servit. princip., n° 9.
(2) Consulter à cet égard Basnage, sur l'article 607 de la coutume de Normandie.
(3) Art. 689.

Le Code n'a pas reproduit l'ancienne distinction entre les servitudes positives et les servitudes négatives, c'est-à-dire celles qui consistent dans un acte du propriétaire du fonds dominant, et celles qui consistent dans une abstention du propriétaire du fonds servant.

Les servitudes ne peuvent pas être saisies et vendues aux enchères, si ce n'est avec l'immeuble dont elles font partie; elles ne peuvent donc pas davantage faire *principaliter* l'objet d'une hypothèque. Il va sans dire que si on cesse de les considérer isolément et abstraction faite du fonds dominant, elles suivront le sort de ce fonds, et, s'il est hypothéqué, elles seront hypothéquées comme lui (2118 et 2204). Il est vrai que le droit romain admettait, au moins pour les servitudes rurales (1), qu'elles fussent l'objet d'une hypothèque, comme pouvant être détachées du fonds dominant; mais c'est que, à Rome, la vente d'un bien hypothéqué était faite de gré à gré, pourvu que ce fût sans fraude; et, dès lors, on avait pu autoriser, *propter utilitatem contrahentium*, la vente à l'amiable de ces servitudes à un propriétaire voisin, *ut vendere eas vicino liceat*. Mais, chez nous, cet expédient serait impraticable avec notre système de vente aux enchères publiques (2). Le droit romain ne l'admettait lui-même que pour certaines servitudes, *viæ*, *itineris*, *actus*, *aquæductus*, qui pouvaient être également utiles à plusieurs fonds voisins.

(1) Dig., livre 20, titre 1, loi 11, par. 3 et loi 12, princip. *de pignoribus et hypothecis*.
(2) M. Demolombe, Traité des servitudes, n° 670.

L'indivisibilité est un des caractères les plus essentiels de la servitude (1). Cette doctrine, assez peu con-
testée dans l'ancien droit, a été bien évidemment re-
connue par le Code dans les articles 700, 709 et 710.
La conséquence de l'indivisibilité des servitudes est
double : 1° La servitude est due activement à tout le
fonds dominant, et à chacune des parties de ce fonds.
2° Elle est due passivement par tout le fonds servant
et par chacune des parties de ce fonds.

Les deux principes généraux sont incontestables, encore qu'il soit vrai de dire qu'ils souffrent quelques
exceptions.

L'application de ces principes est intéressante si l'on
suppose que le fonds dominant ou le fonds servant se
trouvent divisés entre plusieurs propriétaires.

Si ce fait se présente à l'égard du fonds dominant, il
faut appliquer l'article 700.

Art. 700. Si l'héritage, pour lequel la servitude a été
établie, vient à être divisé, la servitude reste due pour
chaque portion, sans néanmoins que la condition du
fonds assujetti soit aggravée. Ainsi, par exemple, s'il
s'agit d'un droit de passage, tous les copropriétaires
seront obligés de l'exercer par le même endroit.

Et, en effet, le partage du fonds dominant entre plu-

_____

(1) *Les servitudes sont indivisibles de leur nature, de sorte qu'on ne peut
pas les conserver en partie et les perdre en partie; ainsi lorsque deux personnes ont un héritage par indivis auquel il est dû une servitude, si l'un des
deux s'oppose au décret de l'héritage qui doit la servitude, il la conserve
pour tous les deux. Si j'ai stipulé un droit de chemin pour un héritage et
que je laisse plusieurs héritiers qui partagent cet héritage, chacun d'eux a
le droit de chemin tout entier, quoiqu'il n'ait qu'une portion de l'héritage
dans son lot.* (Argou, Institution au Droit français, t. 1, p. 204.)

sieurs propriétaires étant, à l'égard du fonds servant, *res inter alios acta*, la servitude reste, après le partage, ce qu'elle était auparavant; elle n'a ni plus ni moins d'étendue.

Ainsi, lorsque le fonds dominant est divisé, soit que la division ait eu lieu par la mort du premier propriétaire, soit qu'il ait vendu ou donné son fonds à plusieurs, soit que le fonds dominant appartienne par indivis à plusieurs copropriétaires qui posséderont désormais en commun, soit qu'il ait été divisé en plusieurs lots qui sont devenus la propriété distincte et isolée de chacun (1), la servitude qui, avant le partage, était due au fonds tout entier, est due maintenant à chacune de ses portions, sans que la condition du fonds servant puisse être aggravée. S'agit-il d'un droit de passage, il appartiendra à tous les copropriétaires, mais ils devront l'exercer tous par le même endroit.

Lorsque l'exercice de la servitude consiste en un fait qui, au lieu d'être indivisible, comme le passage, est divisible, comme le fait de prendre chaque année tant de mesures de sable ou de bois, le bénéfice de la servitude est alors partagé entre tous les copropriétaires

(1) A moins que la servitude n'ait été dans ce cas circonscrite *ad certam fundi*, à un seul lot, qui serait alors, à l'exclusion de tous autres, le seul fonds dominant. — Si la servitude n'a pas été circonscrite à un seul lot, chaque lot deviendra fonds dominant à l'égard du fonds servant; il y aura autant de servitudes que de lots, et on ne peut pas dire que la situation du fonds servant en soit aggravée. L'article 700 s'y oppose, et la servitude pourra s'éteindre désormais plus facilement par le non-usage, car les articles 709 et 710, qui, par le fait d'un seul des copropriétaires déclarent la prescription de la servitude interrompue ou suspendue à l'égard de tous, ne s'appliquent qu'autant que la servitude est possédée par indivis (M. Demol., Servitude, n° 1000.)

proportionnellement à leurs parts dans le fonds dominant. Il ne faut pas confondre l'indivisibilité du droit de servitude, avec l'indivisibilité du fait par lequel on l'exerce.

Si le fait de la division se produit à l'égard du fonds servant, quelles règles appliquerons-nous? Évidemment les mêmes, car ce cas, tout aussi bien que l'autre, est régi par le principe : *Res inter alios acta, aliis neque nocere, neque prodesse potest.* Dans cette hypothèse, si la servitude s'exerce sur toute l'étendue du fonds servant, comme un droit de pacage, toutes les portions du fonds divisé resteront assujetties pour le tout. Si la servitude ne s'exerce que sur une partie du fonds servant, et que cette partie en soit seule affectée, non pas en fait, mais en droit, cette partie restera seule assujettie après le partage comme avant. Si c'est par pure condescendance et en fait que l'exercice a été ainsi limité, la servitude pèsera sur toutes les parties du fonds.

Ces principes généraux étant posés, nous arrivons véritablement à l'objet de notre thèse, que nous allons développer dans les deux chapitres suivants.

CHAPITRE II

DE L'ÉTABLISSEMENT DES SERVITUDES.

Aux termes des articles 690, 691, 692, 693, 694 et 695, les servitudes peuvent s'établir :

1° Par titre ;

2° Par prescription ;

3° Par destination du père de famille.

Nous allons nous occuper successivement de chacun de ces trois modes.

1

Établissement par titre.

Il résulte des articles 690 et 691 que toutes les servitudes, continues ou discontinues, apparentes ou non apparentes, peuvent s'acquérir par titre. Le titre peut être gratuit ou onéreux, et c'est assez dire que par ce mot nous entendons non pas l'*instrumentum*, mais la cause génératrice de la servitude, comme serait par exemple une vente ou une donation. Il est vrai que le plus souvent ce titre sera constaté par un *instrumentum*, mais le contraire pourrait arriver sans que la constitution de la servitude fût nulle ; il n'y aurait plus alors que de grandes difficultés à en prouver l'existence aux termes des articles 1341 et 1343.

Soit que le titre soit gratuit, soit qu'il soit ancien, il est soumis, en vertu de la loi du 23 mars 1855, à la formalité de la transcription, tandis qu'il n'était pas compris, même lorsqu'il était gratuit, dans la règle de l'article 939 (1), qui ne comprenait que la donation des biens susceptibles d'hypothèque.

On a cependant fait une objection contre cette opinion : l'article 939, a-t-on dit, ne soumettait pas à la transcription les donations de servitudes, puisqu'elles ne sont pas susceptibles d'hypothèque. D'autre part, l'article 11 de la loi du 23 mars 1855, porte que : *il n'est pas dérogé aux dispositions du Code Napoléon relatives à la transcription des actes portant donation ou contenant des dispositions à charge de rendre.* Donc l'article 939 reste applicable, et son application n'embrasse pas les donations de servitudes. La réponse nous paraît facile et concluante. Sans doute l'article 939 ne comprend pas les donations de servitudes, et cet article reste applicable après la loi de 1855 comme avant. Seulement, sous l'empire du Code, les donations de servitudes restaient régies par le droit commun, et le droit commun c'était la non-transcription. Depuis la loi de 1855, les donations sont encore régies par le droit commun ; seulement le droit commun a changé et est devenu la transcription (2).

(1) Art. 2, loi du 23 mars 1855 : sont également transcrits : 1° tout acte constitutif d'antichrèse, de servitude, d'usage et d'habitation ; 2° tout acte portant renonciation à ces mêmes droits....... etc.

(2) M. Troplong, Comment. de la loi de 1855, nos 111, 112 et 113.

Quelques-unes de nos anciennes coutumes exigeaient que le titre constatant la servitude décrivît d'une façon fort détaillée la manière dont elle devait être exercée (1). Je ne pense pas que le Code ait entendu reproduire cette exigence. Si quelques procès, dans le silence du titre, s'élevaient sur le droit de chacun, les juges auraient principalement à rechercher l'intention des parties. Ainsi, dit Basnage (2), *si le passage a été stipulé et consenti sans marquer l'heure où l'on pourra passer, il semble qu'on n'en doit user qu'aux heures convenables*, congruis horis, *n'étant pas juste qu'une cour ou une maison demeure ouverte à toutes les heures de la nuit, et que ceux qui l'habitent soient exposés à la merci des voleurs et des assassins, et autres gens de mauvaise vie.*

..... *Nocte vagatur adulter.*

Dumoulin nous donne aussi la même règle (3).

Le titre constitutif de la servitude peut être soit un acte entre vifs, soit un testament, soit un jugement (4).

Les contrats au moyen desquels on établit le plus fréquemment des servitudes réelles sont la vente, l'échange, la transaction et le partage. Le partage peut être fait par les copropriétaires seuls, ou bien, dans certains cas, avec l'intervention du tribunal (5). Est-ce

(1) Cout. d'Orléans, art. 227; cout. de Paris, art. 215.
(2) Basnage, sur la cout. de Normandie, art. 607.
(3) Dumoulin, cout. de Paris, titre des Prescriptions.
(4) Le jugement chez nous ne crée pas directement une servitude, comm l'*adjudicatio* chez les Romains. Ce n'est que la manifestation de la convention des parties.
(5) Art. 838.

9

encore un contrat lorsqu'il se présente sous cette forme?
Malgré les controverses qui se sont élevées à ce sujet,
nous n'hésitons pas à répondre par l'affirmative. L'intervention judiciaire, que la loi exige quelquefois dans
l'intérêt de certains copartageants, ne lui fait pas changer de nature. Quelques auteurs soutiennent au contraire que, dans ces cas, la translation de la propriété,
l'établissement des servitudes, résultent d'un jugement.
C'est à tort, selon nous ; ce serait d'abord dénaturer le
sens de cette rubrique que nous trouvons dans la loi,
appliquée à la matière qui nous occupe : *Des servitudes
établies par le fait de l'homme;* la loi vise bien ici
sans doute un acte libre de la volonté des parties.

L'article 686 ne dit-il pas d'ailleurs : *Il est permis
aux propriétaires d'établir sur leurs propriétés, ou en
faveur de leurs propriétés, telles servitudes que bon
leur semble?* Donc il ne prévoit pas un jugement. Le
système contraire donnerait enfin aux tribunaux le pouvoir exorbitant de transférer la propriété, de constituer
des droits réels ; ce pouvoir existait pour le juge, en
droit romain (1), sous le nom d'adjudication ; mais il
n'en est pas ainsi dans notre droit moderne : les juges
aujourd'hui, sauf dans quelques cas très-rares, doivent
uniquement juger : c'est-à-dire, non point créer des
droits nouveaux, mais seulement constater ceux qui
existent. Si donc, dans un partage fait en justice, des
servitudes réelles sont établies, elles le sont par les
copartageants eux-mêmes, en vertu d'un contrat, rati-
fié, homologué pour ainsi dire, par le juge.

_____

(1) Dig., loi 22, par. 3, *de famil. erciscund.*

Certaines conditions de capacité sont imposées aux parties qui veulent concéder ou recevoir une servitude.

De la part de celui qui établit la servitude, il faut, aux termes de l'article 686 :

1° Qu'il soit propriétaire de l'héritage sur lequel doit peser la servitude ;

2° Qu'il ait la capacité d'aliéner soit à titre onéreux, soit à titre gratuit, suivant que la constitution sera faite gratuitement ou pour un prix.

De la part de celui qui reçoit la servitude, il faut aussi qu'il soit propriétaire du fonds au profit duquel elle sera établie ; et, en général, tous ceux qui peuvent imposer une servitude peuvent également en acquérir; mais nous allons voir que la réciproque n'est pas parfaitement vraie.

Ainsi :

L'usufruitier et l'emphytéote ne peuvent pas *in perpetuum* consentir une servitude sur le fonds dont ils ne peuvent pas disposer ; la servitude qu'ils consentiraient s'éteindrait avec leur droit personnel. Au contraire, et malgré quelques controverses sur ce point (1), je pense qu'ils peuvent acquérir une servitude pour le nu-propriétaire, c'est-à-dire une servitude qui vivrait même après l'extinction de leur droit personnel ; et, en effet, d'une part ils ont qualité pour améliorer le fonds, et d'autre part, la servitude étant acquise et attachée au fonds, le propriétaire du fonds servant ne peut prétendre qu'il n'a traité qu'en vue de la personne (2).

(1) MM. Duranton, t. 5, n° 550 et suiv., et Paulier, t. 2, p. 435.
(2) M. Demolombe, Servitudes, t. 2, n° 757.

De même encore, l'un des copropriétaires par indivis d'un immeuble ne peut grever de servitudes le fonds commun sans le consentement de ses copropriétaires, car, à l'égard de ce qui leur appartient, il n'a aucun droit; la servitude sera donc nulle, à moins que, par l'effet du partage, le constituant ne reçoive seul la propriété de l'immeuble grevé (1). Au contraire, le copropriétaire par indivis d'un immeuble commun peut acquérir une servitude en faveur de cet immeuble.

La servitude peut d'ailleurs être concédée ou acceptée soit par le propriétaire lui-même, soit par son représentant légal ou conventionnel.

L'article 695 porte : « Le titre constitutif de la servi-« tude, à l'égard de celles qui ne peuvent s'acquérir « par la prescription, ne peut être remplacé que par « un titre récognitif de la servitude, et émané du pro-« priétaire du fonds asservi. »

Un acte, soit constitutif, soit récognitif, émané de toute autre personne que le propriétaire du fonds asservi, ne donnerait donc aucun titre à son possesseur. Cette règle nous paraît tellement certaine que nous repousserons l'exception admise par Pothier (2), et quelquefois formulée ainsi : *In antiquis enontiativa probant*, exception d'où il résultait que, même pour les servitudes non susceptibles d'être acquises par prescription, une longue possession constatée par des titres anciens valait un titre accordé par le propriétaire lui-même. Les articles 691 et 695 sont trop formels pour

(1) Art. 883.
(2) Pothier, Traité des obligations, n° 740.

que pareille exception puisse être apportée aux principes. Du reste, la question n'a plus d'intérêt maintenant
pour les servitudes continues et apparentes, puisqu'elles
peuvent s'acquérir par la seule possession de trente
ans.

La qualité de propriétaire, avec la capacité d'aliéner,
suffit pour constituer une servitude ; mais pour la constituer *in perpetuum*, nul doute qu'il soit de plus nécessaire d'avoir une propriété incommutable ; autrement,
la propriété étant résolue sur la tête du constituant, les
droits qu'il a lui-même concédés à des tiers s'éva-
nouissent avec le sien : *Resoluto jure dantis, resolvitur
jus accipientis.* La loi fait cependant quelquefois exception à cette règle. C'est ainsi que si les envoyés en possession définitive ont constitué une servitude, et que
l'absent reparaisse, il reprendra ses biens dans l'état
où ils se trouveront (1).

L'existence d'une servitude sur un héritage ne fait
pas obstacle à ce qu'il en supporte de nouvelles; le
propriétaire qui doit déjà à un fonds une servitude de
passage ou de puisage, peut très-bien concéder les
mêmes droits en faveur d'autres fonds, pourvu toutefois que les concessions postérieures ne viennent pas
restreindre l'étendue des concessions antérieures, car,
aux termes de l'article 701, le propriétaire du fonds
grevé de la servitude ne peut rien faire qui tende à en
diminuer l'usage où à le rendre plus incommode.

Malgré les termes singulièrement restrictifs de l'ar-

(1) Art. 132.

ticle 695, qui dispose que le titre constitutif de la servitude..... ne peut être remplacé que par un titre récognitif, il faut admettre, parce que rien ici ne sollicite
une dérogation au droit commun, il faut admettre que
la preuve de l'existence de la servitude, tant à défaut
du titre constitutif qu'en l'absence de titres récognitifs,
pourrait résulter encore :

1° D'un serment, soit refusé, soit prêté par l'une ou
l'autre des parties (1) ;

2° De l'aveu de la partie (2) ;

3° De la preuve par témoins, s'il y avait commencement de preuve par écrit (3) ;

4° De la preuve par témoins, si le titre constitutif
avait été perdu ou détruit par suite d'un cas fortuit, im-
prévu, et résultant d'une force majeure (4).

II

Établissement par prescription.

Il y a peu de questions qui soient plus obscures dans
notre ancien droit français que celle de l'établissement
des servitudes par la prescription. Nous nous conten-
terons de rappeler ici les points principaux et ceux qui
se trouvent le plus en lumière.

Il n'y a, dit Ferrières, *qu'en pays de droit écrit que*

(1) Art. 1358.
(2) Art. 1354.
(3) Art. 1347.
(4) Art. 1348.

l'on puisse acquérir les servitudes par une longue pos-session (1). Cette proposition n'est pas rigoureusement vraie, car il y avait certaines coutumes, celles de Douai (2) et d'Artois (3), par exemple, qui partageaient à cet égard les principes des pays de droit écrit. Ce qu'il y a d'exact, c'est que la majorité de nos coutumes contenaient et professaient cette maxime : *Nulle servitude sans titre.* C'est ainsi que la coutume de Paris disait : *Le droit de servitude ne s'acquiert pas par longue possession, quelle qu'elle soit sans titre, encore qu'on en ait joui par cent ans; mais la liberté se peut acquérir contre le titre de servitude par trente ans entre âgés et non privilégiés* (4). Si tel était le caractère général de la législation coutumière, caractère emprunté au droit romain à l'époque de la loi Scribonia, il s'en fallait beaucoup qu'il y eût uniformité dans les applications, et chaque coutume, au contraire, avait un système particulier, prenant toujours pour base le rejet de la prescription, mais variable à l'infini et faisant une multitude de distinctions plus ou moins rationnelles (5).

Placés entre tant de systèmes différents, les rédacteurs du code ont donc eu véritablement l'embarras du

(1) Dict. de droit, par Claude de Ferrières, Vᵉ Servitudes.

(2) Chap. 9, art. 2.

(3) Art. 72.

(4) Art. 186.—De même l'article 607 de la coutume de Normandie s'exprimait ainsi : *Droitures de servitudes de vues, égouts de maisons, et autres choses semblables, ne peut être acquise par possession ou par jouissance, fût-elle de cent ans, sans titre, mais la liberté peut s'acquérir par la prescription de quarante ans continuels contre le titre de servitude.*

(5) Consulter sur ce point Lalaure, livre 2, chap. 4. — Dunod, Traité des prescriptions, art. 3, chap. 6.

choix. Voici les solutions qu'ils nous donnent dans les articles 690 et 691.

« Art. 690. Les servitudes continues et apparentes s'acquièrent par titre, ou par la possession de trente ans.

« Art. 691. Les servitudes continues non apparentes, et les servitudes discontinues apparentes ou non apparentes ne peuvent s'établir que par titres. — La possession même immémoriale ne suffit pas pour les établir; sans cependant qu'on puisse attaquer aujourd'hui les servitudes de cette nature déjà acquises par la possession, dans les pays où elles pouvaient s'acquérir de cette manière. »

Les derniers mots de l'article 691 ne sont que l'application du principe de non-rétroactivité, inscrit au frontispice de notre code (1).

La distinction que fait la loi, au point de vue de la prescription, entre les servitudes continues et apparentes, et celles qui ne le sont pas, est fort rationnelle, et fondée sur la nature même des choses.

La règle est donc que, sous la double condition de la continuité et de l'apparence, les servitudes pourront s'acquérir par prescription.

La possession qui servira de fondement à cette prescription devra évidemment réunir toutes les conditions qui sont énoncées dans l'article 2229. Nous appliquerons également les articles 2251, 1561, 709 et 710. La

(1) Art. 2.

disposition de ces deux derniers articles n'est que la conséquence de l'indivisibilité de la servitude.

L'apparence de la servitude résultera le plus souvent d'ouvrages ou autres signes extérieurs et visibles, et la prescription commencera à courir du jour que les travaux nécessaires auront été achevés, encore qu'à cette époque la servitude n'ait pas été exercée.

Aux termes de l'art. 2232, la possession ne peut être fondée sur des actes de simple tolérance, comme elle le serait, par exemple, dans le cas suivant qui nous est indiqué par la coutume d'Orléans : *Si par les héritages qui sont situés sur et à l'endroit des chemins empirés et mauvais* (chemins sur lesquels portait la servitude, et qui ne sont plus praticables) *on passe et repasse, cela n'attribue aucun droit de chemin ou voie publique pour lesdits héritages, par quelque temps que ce soit* (1).

L'art. 690 dispose que la durée de la possession doit être de trente ans.

On s'est demandé si l'art. 2265 est applicable aux servitudes, c'est-à-dire si celui qui a acquis de bonne foi et par juste titre une servitude continue et apparente *à non domino*, peut invoquer contre le *dominus* la prescription de dix à vingt ans.

L'affirmative ne nous paraît pas douteuse, et voici pourquoi :

L'art. 2265 forme le droit commun en matière de-

(1) Art. 251, Cout. d'Orléans.—Au surplus, la servitude de passage, qui est une servitude discontinue, ne pourrait, dans notre droit, être acquise par prescription.

prescription immobilière, et la servitude peut et doit
être considérée comme un immeuble. On ne pourrait y
déroger qu'en vertu d'un texte formel. Or, ce texte
n'est pas l'art. 690, lequel porte que les servitudes continues et apparentes pourront s'acquérir par trente
ans. De ce que cet article ne parle que de la prescription de trente ans, et de ce que l'article 2264, au titre
de la prescription, déclare implicitement n'y pas déroger, il n'en faut pas conclure que soit exclue la prescription de dix à vingt ans. Ce que le législateur a voulu
faire dans l'art. 690, ç'a été modifier l'ancienne législation, qui n'admettait pas la prescription même centenaire, la bonne foi existât-elle d'ailleurs, et dire que
même si la bonne foi ne se rencontrait pas, la possession de trente ans suffirait pour acquérir la servitude
sans titre. Mais si la bonne foi existe, on rentre dans le
droit commun, et le droit commun c'est l'art. 2265.

Cela est d'autant plus incontestable que telle était la
doctrine de quelques coutumes, et que d'autres coutumes régies par la règle : *Nulle servitude sans titre*,
admettaient même la prescription décennale fondée sur
un titre émané *à non domino* (1).

Nous ne considérerons pas non plus comme sérieuse
l'objection tirée de l'art. 2265 *in fine*. La loi, dit-on,
fixe le délai de la prescription entre dix et vingt ans,
suivant que le propriétaire habite ou n'habite pas le
ressort de la Cour impériale dans l'étendue duquel l'immeuble est situé; or, si ceci se conçoit pour les immeu-

(1) Pothier, Introduction à la coutume d'Orléans, art. 13.

bles, on ne le comprend plus pour les servitudes qui
n'ont pas de situation. Il suffit de répondre : Sans doute,
les servitudes, choses incorporelles, n'ont pas de situation propre ; mais elles en acquièrent une en s'atta-
chant à un immeuble (1).

Les servitudes continues et apparentes qui peuvent
être établies par la prescription peuvent être augmen-
tées ou diminuées par le même moyen (708, Argum.
d'anal.). Cela serait vrai même pour une modification
apportée à la servitude au delà du titre constitutif, si
ce titre existe, car si l'on ne peut prescrire contre son
titre, on peut prescrire au delà de son titre (2).

Les servitudes continues non apparentes, et les servitudes discontinues apparentes ou non apparentes, ne
peuvent s'établir que par titre. C'est ce que prescrit
l'art. 691.

Pourquoi la prescription n'est-elle pas applicable
aux servitudes apparentes mais discontinues? Est-ce
parce que la possession dont elles sont l'objet n'est pas
une possession continue, et qu'elle ne remplit pas dès
lors les conditions exigées par l'art. 2229 ? Je ne le
pense pas, et j'estime que la possession des servitudes
discontinues peut être une possession continue. En effet, la continuité de la possession ne résulte pas d'une
série d'actes perpétuels, sans interruption, dans l'espèce, de l'exercice constant de son droit par le propriétaire du fonds dominant sur le fonds servant; la

(1) En ce sens, arrêt de cassation du 16 juillet 1840.— Mais *contrà*, cassation, 14 novembre 1853.
(2) Art. 2240.

possession sera continue si elle se manifeste par des actes suffisamment répétés, suffisamment persévérants pour indiquer qu'elle n'a pas été abdiquée. Celui qui use de la servitude toutes les fois qu'il en a besoin, sans en user à chaque instant, celui-là conserve bien évidemment la possession de la servitude. L'explication de l'art. 691 ne se trouve donc pas dans l'art. 2229, au moins dans la disposition de cet article qui impose à la possession la condition de continuité. Si la possession d'une servitude apparente mais discontinue n'engendre pas la prescription, c'est que cette possession est précaire; elle est précaire, parce que son exercice est toujours le résultat de la tolérance, et qu'aux termes des art. 2229 et 2232, la possession précaire, celle qui est fondée sur la simple tolérance, est impuissante à conduire à la prescription.

Si c'est la précarité qui fait obstacle à la prescription des servitudes discontinues apparentes ou non apparentes, il semble que si la précarité est purgée, la prescription deviendra possible ; et c'est en effet ce qui a été soutenu dans les trois hypothèses suivantes :

1° Le propriétaire du fonds dominant a acquis de bonne foi, et en vertu d'un juste titre, la servitude *à non domino;*

2° Le propriétaire du fonds dominant a fait contradiction contre le droit du propriétaire du fonds assujetti;

3° Le propriétaire du fonds dominant invoque tout à la fois un titre émané *à non domino* et une contradiction opposée au droit du propriétaire du fonds assujetti.

Nous ne nous rangerons pas à cet avis, parce que, d'une part, l'art. 691, conçu dans des termes très-généraux, et, en présence des obscurités et des distinctions de l'ancien droit, ne comporte pas ces exceptions, et que, d'autre part, il ne nous apparaît pas que, dans aucune de ces trois hypothèses, la possession soit véritablement purgée du vice de précarité qui l'empêchait de valoir.

Nous disons d'abord que l'art. 691 ne comporte pas ces exceptions. Et en effet, cet article dit : Les servitudes continues non apparentes, et les servitudes discontinues apparentes ou non apparentes ne peuvent s'établir que par *titre*. Il faut donc un titre, et un titre émané *à domino*, car le mot *titre* est pris dans l'art. 691 avec la signification que lui donne l'art. 690, et là où il s'agit d'acquérir une servitude indépendamment de la prescription, la loi exige certainement un titre émané *à domino*. Donc un titre émané *à non domino* ne suffit pas ; donc ne suffit pas non plus la contradiction opposée au droit du propriétaire du fonds prétendu assujetti ; donc encore ne suffisent pas la réunion de ce titre imparfait et de cette contradiction.

Les traditions de l'ancien droit ne vont pas à l'encontre de ce raisonnement. Peu nous importe la doctrine des pays de droit écrit, puisque la prescription des servitudes y était toujours admise sans distinctions, tandis que le Code distingue (1). Quant aux pays de coutume qui rejetaient la prescription des servitudes

(1) Bretonnier, Questions alphabétiques, verbo *prescriptio.*

sans titre, il est bien vrai que quelques-unes l'admettaient, soit avec un titre émané *à non domino* (1), soit à l'aide d'une contradiction faite contre le droit du propriétaire du fonds assujetti (2), soit à l'aide de ces deux moyens réunis ; mais l'art. 691 a précisément eu pour but de faire cesser toutes ces divergences.

D'ailleurs, il n'est pas exact de dire que, soit par le titre émané *à non domino*, soit par le fait de la contradiction, soit par ces deux faits réunis, le vice de précarité estdisparu. Nous avons dit que ce qui faisait obstacle à la prescription des servitudes discontinues apparentes ou non apparentes, c'était la précarité du droit du prescrivant, précarité fondée sur l'idée qu'il ne possédait pas *animo domini*, et aussi sur la tolérance de celui contre le droit duquel il possède. Le prescrivant a-t-il un titre émané *à non domino*, je veux bien que désormais il possède *animo domini*, le fait de sa possession n'en reste pas moins un acte de simple tolérance de la part du vrai propriétaire; donc sa possession est précaire. Le prescrivant a-t-il contredit au droit du propriétaire du fonds assujetti ; lui a-t-il fait défense, par exemple, de s'opposer à son passage sur son fonds, on pourrait admettre — quoique difficilement — que le propriétaire ne tolère plus, qu'il consent : toujours est-il que là encore la possession, quant au possesseur, serait insuffisante, puisqu'elle serait sans titre, et que l'art. 691 exige un titre ! Enfin, si le prescrivant a tout à la fois

---

(1) Art. 186, cout. de Paris, argum. *à contrario.*—Pothier, sur cet article.
— Legrand, sur l'article 61 de la coutume de Troyes.
(2) Coutume de Berry, art. 2.

obtenu un titre et fait contradiction, il semble que la précarité ait disparu et quant à lui et quant au propriétaire. Cela est vrai ; mais c'est ici qu'il faut opposer de nouveau et dans toute sa force l'argument tiré de l'art. 691. La loi, dirons-nous, exige, pour l'acquisition des servitudes discontinues apparentes ou non apparentes, un titre émané du véritable propriétaire. Que représentez-vous ? Une possession trentenaire, centenaire ? L'art. 691 la repousse ! Une contradiction au droit du propriétaire ? Ce n'est pas un titre ! Un titre émané *à non domino?* La loi exige un titre émané du véritable propriétaire !

Il est donc établi que, dans aucun cas, les servitudes discontinues apparentes ou non apparentes ne pourront s'acquérir par la prescription.

La possession qui ne saurait établir une servitude continue non apparente, ou une servitude discontinue apparente ou non apparente, ne saurait non plus aggraver ni diminuer, ni modifier celles qui auraient été créées en vertu d'un titre.

Devrons-nous pousser jusqu'au bout la rigueur de ce principe dans l'hypothèse suivante :

Primus a acquis par titre un droit de passage sur le fonds de Secundus. D'après ce titre, ce droit doit s'exercer dans un lieu déterminé, et cependant, pendant trente ans Primus a passé par un autre lieu.

La logique nous conduit à dire : Primus a perdu son droit de passage, tel qu'il résultait du titre par le non-usage, et il n'a pu en acquérir un autre, puisque la possession est impuissante à fonder un droit de servitude discontinue. Ceci a été enseigné, et peut-être avec raison; cependant, on peut raisonner ainsi en sens contraire et d'une façon plus équitable : Le droit n'est pas en question entre les parties; l'art. 691 peut donc être écarté. Ce qui est acquis par prescription, ce n'est pas une nouvelle servitude, ce n'est pas même un exercice différent de la servitude, c'est seulement le mode d'exécution d'un droit parfaitement reconnu.

L'art. 691 dit *in fine* : « La possession même immémoriale ne suffit pas pour les établir. » C'est par opposition aux principes de certaines coutumes qui admettaient cette prescription par la possession immémoriale (1).

Il y a entre la prescription des servitudes et les actions possessoires dont elles peuvent être l'objet de telles affinités, que nous devons dire quelques mots de ces dernières.

Parmi les actions possessoires, on distingue :

1° Les actions confessoires, celles par lesquelles celui qui a un droit de servitude agit en justice pour le faire reconnaître.

2° Les actions négatoires, celles par lesquelles celui dont le fonds supporte une servitude peut agir en justice pour faire déclarer qu'elle n'existe pas (2).

L'art. 23 du Code de procédure pose en ces termes le principe général sur les actions possessoires :

« Art. 23. — Les actions possessoires ne seront re-

---

(1) Coutume de Douai, chap. 9, art. 2. — Pothier, art. 224, coutume d'Orléans.
(2) Pothier, Introd. au titre 13 de la cout. d'Orléans, n° 11.

cevables qu'autant qu'elles auront été formées, dans l'année du trouble, par ceux qui, depuis une année au moins, étaient en possession paisible, par eux ou les leurs, à titre non précaire » (1).

Retenons que pour donner droit à l'exercice des actions possessoires, comme au bénéfice de la prescription, la possession doit être à titre non précaire.

Ceci dit, et en nous référant à ce que nous avons établi plus haut, nous tirons facilement les conclusions suivantes : D'une part, les servitudes continues ou apparentes peuvent donner lieu aux actions possessoires. D'autre part, les servitudes discontinues, apparentes ou non apparentes, ne jouissent pas du même avantage.

On s'est demandé si les servitudes discontinues peuvent donner lieu aux actions possessoires en vertu d'un titre.

La négative paraît bien fondée, car ces servitudes n'étant pas continues, ne sont pas susceptibles d'une véritable possession ; de plus, l'art. 25 du code de procédure dispose que *le possessoire et le pétitoire ne seront jamais cumulés*, et dans l'espèce, le juge de paix devrait examiner tout à la fois et la validité du titre et les allégations de possession. Enfin, l'esprit et les termes de la loi du 25 mai 1838 sur la compétence des juges de paix décident que leur compétence s'arrêtera *lorsque la propriété ou les titres seront contestés*.

Cependant nous adopterons l'affirmative. L'ancien droit admettait que la jouissance d'une servitude, même

(1) Art. 2229, Code civil.

discontinue, en vertu d'un titre, pouvait être revendiquée par l'action possessoire (1), et ceci est à noter, puisque l'ancien droit admettait plus difficilement que le Code l'acquisition des servitudes au moyen de la possession. D'ailleurs, si les servitudes discontinues ne sont pas en général susceptibles de possession utile, c'est que leur possession serait précaire ; mais ici le titre fait disparaître le vice de la précarité. L'esprit et les termes de la loi du 25 mai 1838 sont bien tels que le rapportent les partisans du système contraire; seulement la disposition de cette loi n'a pas été reproduite à l'égard des actions possessoires, et il ne faut pas la suppléer. Si devant le juge de paix il s'élève quelque contestation sur la validité, sur la prescription du titre représenté, il ne faudra pas violer l'art. 25 du Code de procédure, en faisant décider ces questions par le magistrat incompétent; la question sera jugée possessoire, avec réserve du pétitoire (2).

Nous déciderions de même s'il s'agissait d'une servitude négative non apparente, comme celle de ne pas bâtir, si le demandeur au possessoire invoque un titre constitutif de la servitude. Ici cependant il y a une nouvelle raison de douter. Une servitude négative n'est pas, a-t-on dit, susceptible de possession ; donc, elle ne peut donner naissance à une action possessoire. Mais ceci n'est pas concluant. Sans doute, la servitude négative n'est pas susceptible d'une possession matérielle,

(1) Pothier, de la possession, n° 90 —Dunod, des prescriptions, part. 3, chap. 6, page 293.
(2) En ce sens, arrêt de cassation du 8 mai 1838.

mais elle est susceptible de ce que les Romains auraient appelé une *quasi-possession*, la jouissance du droit, et cela suffit; et cette possession de l'état conforme au droit peut être l'objet d'une action possessoire. La définition que la loi nous donne de la possession ne dément pas cette opinion, tout au contraire (1).

Nous avons établi que les servitudes discontinues, apparentes ou non apparentes, ne pouvaient être acquises par prescription, en vertu d'un titre émané *à non domino*; de même, et pour les mêmes raisons, nous dirons que ce titre ne saurait leur donner la qualité nécessaire pour engendrer un droit aux actions possessoires.

La solution serait la même, au cas d'un acte contradictoire signifié au propriétaire du fonds assujetti, et au cas où cet acte contradictoire se rencontrerait concurremment avec un titre émané *à non domino*. Toutefois, sur ces trois points, l'affirmative compte de nombreux défenseurs.

Les actions possessoires seraient recevables dans tous les cas, sans distinguer si elles sont ou non continues ou apparentes, s'il s'agissait de servitudes naturelles et légales (2), car elles sont fondées sur un titre qui a un caractère tout spécial de force ou d'énergie, puisque c'est soit la volonté de la loi, soit la nature des choses et les exigences des lieux.

La complainte, en matière de servitudes, n'est d'ailleurs recevable, suivant le droit commun, qu'autant

(1) Art. 2228.
(2) Ce sont ces deux classes de servitudes que nous avons laissées précisément en dehors de ce travail.

que celui qui la forme est en possession depuis une an·
née au moins (1). Il en est de même de l'action de celui qui prétend que l'exercice d'une servitude porte at-·
teinte à la liberté de son fonds. Et de plus, quant à lui,
peu importe que la servitude soit continue ou discontinue, apparente ou non apparente, sa complainte est
toujours recevable ; car il ne veut rien acquérir : il ne
veut que conserver la liberté de son héritage (2).

Non-seulement les servitudes peuvent être l'objet d'actions possessoires, suivant les distinctions que nous venons de faire, mais encore elles peuvent donner lieu à
des actions pétitoires, et alors elles sont soumises aux
règles du droit commun.

A ce propos, il s'est élevé une question intéressante :
Un propriétaire, sur le fonds duquel un voisin exerce
une servitude, intente l'action pétitoire négatoire. Est-
ce à lui à prouver que son héritage est franc de servitude? Est-ce au contraire au défendeur à prouver l'existence de la servitude ?

On dit : C'est au propriétaire qui intente l'action négatoire qu'incombe le fardeau de la preuve. Cette opinion était admise dans l'ancien droit, du moins par
quelques auteurs, sur la foi du droit romain (3). D'autres auteurs, au contraire, se décidaient contre le défendeur (4). Selon nous, c'est cette dernière opinion qu'il
faut suivre. En effet, l'état habituel et normal de la pro-

(1) Art. 25, Code de proc.
(2) Henrion de Pancey, de la compétence des juges de paix, chap. 43,
par. 6.
(3) Dunod, Prescriptions, 3ᵉ partie, p. 293.
(4) Dumoulin, sur la coutume de Paris, par. 2.

prieté, c'est l'état de liberé. Quiconque revendique un
état différent, doit faire preuve de son droit ; ceci n'est
pas autre chose qu'une règle de, bon sens. On objecte
que la possession annale, lorsque sa maintenue a été prononcée, fait présumer l'existence de la servitude, et que
tel est l'avantage de celui qui triomphe au possessoire.
Cette présomption, complétement fausse pour les servitudes discontinues, apparentes ou non apparentes, qui
ne peuvent pas s'acquérir par la possession, n'est pas
beaucoup plus exacte pour les autres, car elle n'est
écrite nulle part, et les présomptions, lorsqu'elles ne
sont pas dans la loi, n'y peuvent pas être suppléées (1).
La possession annale prouve invinciblement le fait de la
possession pendant une année ; mais c'est là tout, et ce
n'est certes pas assez pour équivaloir à l'acquisition légale de la servitude. Mais, dit-on encore, que servira
alors au défendeur à l'action pétitoire d'avoir été maintenu par l'action possessoire? Nous répondrons avec
M. Demolombe : Il continuera de posséder *pendente
lite*, et les juges, pour se décider, auront égard à
sa possession, s'il y a doute (2). D'ailleurs, il serait le
plus souvent impossible au propriétaire qui réclame la
liberté de son héritage, d'établir qu'il n'est grevé d'aucune servitude, puisque ce serait lui demander la preuve
d'un fait négatif (3).

(1) Art. 1350.
(2) M. Demolombe, servitudes, n° 957.
(3) En ce sens, arrêt de la cour de Caen, du 19 août 1844.

III

Établissement par destination du père de famille.

Les articles 692, 693 et 694 règlent cette matière.

Voici les deux hypothèses dans lesquelles se présente ce mode d'établissement :

1° Primus acquiert deux fonds entre lesquels exis-tait une servitude ; elle est éteinte par confusion. Lors-que les deux fonds se sépareront, la servitude revivra.

2° Primus possède deux fonds entre lesquels il éta-blit une relation telle qu'elle dût créer entre eux une servitude, s'ils se trouvaient dans des mains différentes. Lorsque les deux fonds se sépareront, la servitude existera.

Le droit romain n'admettait pas l'établissement des servitudes par destination du père de famille (1). Il en était de même dans les pays de droit écrit. Les pays coutumiers étaient loin d'être d'accord sur ce point. Les uns admettaient la destination du père de famille, pourvu qu'elle fût justifiée par écrit. C'est ainsi que l'art. 216 de la coutume de Paris porte : *Destination du père de famille vaut titre, quand elle est ou a été par écrit, et non autrement* (2). D'autres admettaient

(1) Voir cependant dans cette thèse, à la partie du droit romain.

(2) *La destination du père de famille ne sert pas de titre, à moins qu'elle ne soit par écrit ; de sorte qu'un homme qui a deux maisons, et qui en vend une, doit déclarer en particulier et par le détail, toutes les servitudes qu'il veut conserver à l'une ou l'autre des maisons.* (Argout, Institution au droit français, t. 1, page 204.)

les servitudes par destination du père de famille, sans preuve par écrit, mais en cas de partage seulement. Ainsi l'art. 609 de la coutume de Normandie : *En faisant partage et division entre cohéritiers ou personniers de chose commune, dont l'une partie sert à l'autre ; les vues et égouts demeurent comme ils sont lors du partage, si par les lots et partages il n'est expressément dit le contraire.*

D'autres coutumes admettaient toujours et sans distinction les servitudes établies par destination du père de famille, conformes en ceci à l'ancien article 91 de la coutume de Paris, qui, réformé seulement en 1580, portait simplement : *Destination de père de famille vaut titre* (1).

Enfin certaines coutumes gardaient le silence sur ce mode d'établissement des servitudes, et on discutait s'il fallait l'y admettre (2).

La règle générale, posée par l'art. 692 de notre Code, est que la destination du père de famille vaut titre à l'égard des servitudes continues et apparentes.

Ainsi le Code ne distingue plus s'il y a écrit ou s'il n'y en a pas, si la séparation résulte d'un partage ou de tout autre fait.

Il suffit qu'il s'agisse d'une servitude continue et ap-

---

(1) Telles étaient les coutumes de Melun, de Reims et de Sedan.

(2) Telles étaient les coutumes de Troyes, de Montargis et de Dreux. Sur la question qui s'élevait dans ces coutumes et que nous ne faisons qu'indiquer, Belordeau tenait pour l'affirmative. (Controverses, part. 2, livre 7, controv. 80). De même Loysel (Institutes, des servitudes, règle 12). Mais Lalaure, dans son livre sur les servitudes, défendait la négative. (Livre 3, chap. 10)

parente entre deux fonds, lesquels, après avoir été réunis dans la même main, se trouvent séparés.

L'arrangement duquel résulte la destination doit avoir été fait par le propriétaire lui-même, et avec l'intention de l'établir d'une façon permanente et perpétuelle.

Aux termes de l'art. 693, celui qui revendique une servitude prétendue établie par destination du père de famille doit prouver deux choses :

1° Que les deux fonds actuellement divisés ont appartenu au même propriétaire ;

2° Que c'est par lui que les choses ont été mises dans l'état duquel résulte la servitude.

Cette double preuve pourra être faite par témoins, car, ainsi que nous l'avons dit, le Code n'exige plus la preuve écrite, comme le faisaient les coutumes de Paris, de Metz et d'Orléans.

Les deux articles 692 et 693 ne présenteraient pas de difficultés s'ils n'étaient suivis de l'art. 694, dont voici le texte :

Art. 694. — « Si le propriétaire de deux héritages, entre lesquels il existe un signe apparent de servitude, dispose de l'un des héritages sans que le contrat contienne aucune convention relative à la servitude, elle continue d'exister activement ou passivement en faveur du fonds aliéné ou sur le fonds aliéné. »

Ainsi, l'article 692 exige que la servitude soit tout à la fois continue et apparente, et l'art. 694 paraît se contenter de l'apparence.

Plusieurs tentatives ont été faites pour concilier ces

deux articles l'un avec l'autre. Nous allons les exposer rapidement.

La plus ancienne et la plus simple consiste, à suppléer dans l'art. 694 la seconde condition de continuité qui ne s'y trouve pas.

Ceci ne nous paraît pas être une conciliation, mais une modification de la loi, et ce ne serait qu'en désespoir de cause qu'il faudrait l'adopter (1).

On a dit, en sens inverse, mais sans plus de raison, ce nous semble, que l'art. 692 devait être expliqué par l'art. 694, c'est-à-dire que la continuité ne devait jamais être exigée.

Une explication plus sérieuse est celle-ci : Les articles 692 et 693 règlent le cas où la séparation des héritages résulte d'un partage; là, il faut continuité et apparence. L'art. 694 règle le cas où la séparation des héritages résulte d'un acte de disposition; là l'apparence suffit.

Et, en effet, l'art. 693 parle de fonds *actuellement divisés*, tandis que l'art. 694 parle de *disposition*.

J'avoue que cet argument de texte ne me touche pas; il est trop ingénieux pour être concluant. Si nous l'admettions, nous tomberions dans des distinctions d'une subtilité insaisissable. L'art. 694 ne s'appliquerait plus aux contrats, car la loi ne se sert pas du mot *contracte*; il ne s'appliquerait qu'aux actes de pure disposition. Il devrait aussi s'appliquer même entre cohéritiers si le

_____

(1) En ce sens, arrêt de la cour de Paris du 21 avril 1837.

partage avait été suivi d'une licitation, car alors il y a entre eux comme un acte de disposition.

Les partisans de cette troisième explication invoquent les souvenirs historiques. On sait que certaines coutumes distinguaient le cas où les héritages avaient été séparés par partage et le cas où la séparation résultait d'un autre fait (1). Le Code n'a fait que reproduire cette distinction.

A cette argumentation les réponses ne manquent pas. D'abord, la distinction que l'on prétend avoir été reproduite par les articles 692, 693 et 694, était assez peu accréditée dans l'ancien droit et ne se rencontrait que dans un petit nombre de coutumes. Ensuite il est de toute évidence qu'elle n'a pas été visée par le Code, si ce n'est pour en être désavouée. L'ancien droit disait : Les héritages sont-ils divisés par le fait du partage, la destination du père de famille sera admise ; elle sera repoussée si la division ne résulte pas d'un partage. Donc les copartageants étaient traités avec plus de faveur que le vendeur ou le donateur, par exemple. Que disent nos articles? S'il y a partage, la servitude ne pourra être établie par destination du père de famille que si elle est continue et apparente. S'il y a eu tout autre acte qu'un partage, soit une vente ou une donation, la servitude revivra, pourvu qu'elle soit apparente. Donc les copartageants ne jouissent plus,

---

(1) Basnage, sur l'article 609 de la coutume de Normandie, dit : *Cet article est fort équitable, car si après les partages un des cohéritiers ou des associés prétendait ôter ou diminuer les vues et les égouts qui sont sur le partage de son cohéritier ou de son associé, les choses ne seraient plus égales.*

sous le Code, de la faveur que leur accordait l'ancien droit. Donc la distinction précitée n'a pas été faite par la loi. Donc nous devons la repousser (1).

Dans une quatrième opinion, on arrive à la distinction suivante : l'art. 693 règle le cas de l'établissement; l'art. 694 le cas du rétablissement. En d'autres termes, l'état duquel résulte la servitude a-t-il été créé par le propriétaire des deux héritages, il y aura établissement au moment de la réparation, et il faudra appliquer l'art. 693. Au contraire, l'état duquel résulte la servitude existait-il avant la réunion des deux héritages dans la même main, au moment de la séparation, il n'y aura qu'un rétablissement, et on appliquera l'art. 694.

Cette distinction paraît logique, car la préexistence de la servitude entre les deux héritages assure, d'une part, qu'elle est très-utile, nécessaire peut-être; et, d'autre part, fait présumer que les parties ne l'ont pas perdue de vue au moment de la séparation, et on conçoit ainsi que la loi soit plus favorable pour un rétablissement que pour un établissement.

Suivant le droit romain, l'ancienne servitude, lorsqu'étaient réunis dans la même main les deux fonds sur lesquels elle portait, restait éteinte à leur séparation, à moins que l'acte qui avait opéré la division ne contînt une clause expresse de son rétablissement.

Les rédacteurs du Code, supprimant la nécessité de cette stipulation expresse, ont décidé que, dans

(1) La cour de Caen a cependant admis ce système, par arrêt du 21 novembre 1843.

le cas où l'acte de séparation ne contînt aucune clause contraire au rétablissement de la servitude, elle est alors de plein droit rétablie, s'il existait d'ailleurs, au moment où les deux héritages ont été séparés, un signe apparent de son existence. Pourquoi la loi supprime-t-elle la nécessité d'une stipulation expresse ? Parce que les faits parlent d'eux-mêmes, comme disait M. Albisson au tribunat (1), et que cé signe apparent, joint au silence des parties, manifeste leur volonté de la façon la plus claire.

Enfin, les partisans de cette distinction pensent en trouver l'expression même dans le texte de la loi. L'article 693, dit-on, décide qu'il n'y a destination du père de famille que lorsqu'il est prouvé que les deux fonds ont appartenu au même propriétaire, et que c'est par lui que les choses ont été mises dans l'état duquel la servitude résulte. L'article 694, au contraire, déclare que lorsque les deux fonds, un instant réunis, se séparent, la servitude *continue* d'exister activement ou passivement. Il s'agit donc bien d'un rétablissement (2).

Je ne crois cependant pas cette opinion suffisamment autorisée par les observations qui précèdent.

En raison, il n'y a pas de différence à faire entre le cas où la servitude résulte d'un état créé postérieurement à la réunion des deux héritages dans les mêmes mains, et le cas où elle résulte d'un état créé antérieurement à cette réunion. Dans les deux cas, il s'est ren-

(1) Fenet, tom. 2, p. 328.
(2) En ce sens, arrêt de cassation du 24 février 1840.

contré deux fonds qui, à un moment donné, se sont
trouvés libres l'un vis-à-vis de l'autre ; plus tard, une
relation de servitude vient à exister entre eux, et c'est
bien par le fait d'un établissement, quand même le
passé porterait trace d'une relation semblable, puisque
cette relation aurait été éteinte. M. Albisson a pu dire
et penser le contraire ; ce n'est qu'une opinion indivi-
duelle, mais ce n'est pas la loi. La loi ne reconnaît que
trois modes d'établissement des servitudes, et le système que nous combattons en édicterait un quatrième,
puisqu'il ne serait exigé dans l'article 694 ni titre, ni
prescription, ni destination du père de famille. Ce serait
la tacite volonté des parties.

Les arguments de texte que l'on oppose ne sont pas
décisifs. La loi se sert dans l'article 694 du mot *continue* ; donc elle entend parler d'un rétablissement. Cela
n'est pas exact, et le mot *continue* n'indique pas plus
l'idée de rétablissement que l'idée d'établissement. La
servitude a été éteinte par confusion ; en supposant
qu'elle revive, qu'elle soit rétablie, comme on le prétend, au lieu d'être créée à nouveau, on ne pourra pas
dire qu'*elle continue d'exister*, puisqu'elle a cessé de
vivre. Les expressions dont se sert l'article sont donc
impropres ; mais c'est tout ce qu'il en faut conclure.

Reste une dernière opinion, la plus généralement
suivie, et qui, ce me semble, doit être adoptée.

Un propriétaire a créé ou maintenu entre deux héritages qui lui appartiennent, un rapport qui constituerait
une servitude si les fonds appartenaient à deux personnes différentes ; plus tard les deux fonds viennent à

être séparés. Si la servitude est continue et apparente, la présomption légale est qu'elle existe entre les fonds divisés. Si elle n'est qu'apparente, c'est la présomption inverse qui prévaut, et, pour la faire tomber, il faut représenter un acte de séparation constatant que les parties n'ont fait aucune réserve contraire à la servitude. C'est donc avec cette distinction que, dans ce système, les articles 692, 693 et 694 s'appliquent tous .à la destination du père de famille.

Cette double présomption de la loi se justifie aisément aux yeux de la raison. Si la servitude est annoncée tout à la fois par sa continuité et son apparence, il est naturel de penser que les parties ont entendu la maintenir. La présomption est donc en faveur de la servitude; mais elle peut être détruite par la représentation de l'acte de séparation. Si la servitude ne s'annonce que par son caractère apparent, l'intention des parties est plus douteuse. La présomption sera donc contre la servitude; mais ici encore elle pourra être détruite par l'acte de séparation.

Cette distinction se trouve presque dans l'ancien droit. Nous avons dit, en effet, que certaines coutumes, les coutumes de Paris et d'Orléans (1), admettaient la destination du père de famille, pourvu qu'on représentât le titre qui avait opéré la séparation des héritages. D'autres coutumes (2), au contraire, étaient moins exigeantes. Le Code, en la modifiant un peu, a accueilli cette double doctrine.

(1) Cout. de Paris, art. 216.—Cout. d'Orléans, art. 227 et 228.
(2) Cout. de Melun, art. 189. — Cout. de Reims, art. 350. — Cout. de Sedan, art 379.

Les termes de nos articles autorisent parfaitement cette interprétation (1).

Disons que le plus sûr, dans tous les cas, et le meilleur moyen d'éviter les procès, sera de s'expliquer à cet égard dans le contrat, vente, partage, etc.

Les articles 692, 693 et 694 sont applicables non-seulement au cas où il existe deux héritages distincts, mais encore au cas de la vente ou division en plusieurs lots d'un seul et même héritage.

Toutefois, pour admettre ce point, qui était admis dans l'ancien droit, il faut reconnaître que l'article 694 ne suppose pas nécessairement la préexistence de l'état duquel résulte la servitude, à la réunion des deux fonds dans la même main ; autrement, cette préexistence ne pouvant s'appliquer aux différentes parties du même fonds, l'article 694 ne régirait pas notre hypothèse. C'est, en effet, ce qu'admettent les partisans du quatrième système sur la question précédente.

1) En ce sens, arrêt de cassation du 30 novembre 1853.

CHAPITRE III

DE L'EXTINCTION DES SERVITUDES.

Nous avons dit que l'état normal de la propriété était la liberté ; la servitude est contraire à cet état, et, si utile qu'elle puisse être à l'agriculture, on conçoit que la loi ait multiplié autour d'elle les causes d'extinction (1). Cette idée avait été bien comprise par l'ancienne législation, et tandis qu'elle interdisait l'acquisition de la servitude par l'usage, elle en autorisait au contraire l'extinction par le non-usage (2). A un autre point de vue, la loi devait veiller à ce que les servitudes ne pussent se perpétuer facilement. Cette modification des relations territoriales peut être considérée comme l'une des sources les plus fécondes des contestations et des procès, par les mesures d'instruction qu'ils exigent, telles que les descentes sur lieux, les enquêtes, les expertises et autres formalités si nombreuses que la coutume de Paris avait cru devoir réunir dans le même titre *les servitudes et les rapports de jurés* (3). Ces procès sont aussi difficiles que dispendieux, et les facilités

---

(1) *Toutes choses étant naturellement libres*, dit Basnage, *et le retour de chaque chose à son premier état étant si facile, les lois ont introduit des moyens de recouvrer la liberté que l'on avait perdue.* (Sur l'article 507 de la cout. de Normandie.)

(2) Voyez aussi l'article 186 de la cout. de Paris.

(3) Coutume de Paris, titre 9.

d'extinction pour les servitudes sont une garantie qu'ils seront aussi rares que possible.

Un grand nombre d'événements peuvent donc mettre fin aux servitudes ; en voici la nomenclature :

1° La confusion ;

2° Le changement de l'état des lieux lorsqu'il constitue l'impossibilité d'user ;

3° Le non-usage ;

4° La renonciation du propriétaire du fonds dominant ;

5° La résolution du droit du constituant, et même dans certains cas de celui auquel la servitude a été concédée ;

6° L'expiration du terme ou l'arrivée de la condition ;

7° L'expropriation forcée pour cause d'utilité publique.

I

Extinction par confusion.

Il y a confusion lorsque les deux fonds, dominant et servant, sont réunis dans la même main, et, aux termes de l'article 705, qui n'est qu'un écho de l'ancien droit (1), cette confusion opère l'extinction des servitudes.

(1) *Les servitudes sont éteintes par la confusion, lorsque le propriétaire de l'héritage à qui la servitude appartient acquiert l'héritage qui la doit, et, s'il aliène l'un des deux héritages, les servitudes éteintes ne sont pas rétablies, à moins qu'il n'y en ait une stipulation expresse.* (Argou, Instit au droit français, t. 1, p. 205.)

Art. 705. Toute servitude est éteinte lorsque le fonds
à qui elle est due et celui qui la doit sont réunis dans
la même main.

Nemini res sua servit.

Il n'y a pas à distinguer si la réunion des deux héritages se fait entre les mains, soit du propriétaire du
fonds servant, soit du propriétaire du fonds dominant,
soit d'un tiers ; dans tous les cas, il y aura confusion
sans qu'il y ait non plus à rechercher la cause, le titre
de la réunion.

Mais la confusion peut elle-même cesser. La servitude revivra-t-elle alors? Tous les commentateurs font à
cet égard la distinction suivante : Oui, la servitude revivra, si la cessation de la confusion a lieu *ex antiquâ
causâ*! Non, la servitude ne revivra pas si la cessation
de la confusion a lieu *ex novâ causâ*!

Or la confusion cesse *ex antiquâ causâ*, lorsque l'acquisition qui l'avait produite se trouve rescindée ou résolue par suite d'une condition ou d'un vice qui, dès le
principe, se trouvait en elle (1). Elle cesse *ex causâ
novâ* lorsque la cause qui la fait cesser n'est pas née
avec l'acquisition même qui l'avait produite. Ainsi,
celui qui était devenu propriétaire des deux héritages
et qui avait opéré la confusion la fera cesser *ex causâ
novâ*, et empêchera par conséquent les servitudes de
revivre, s'il donne ou aliène l'un de ses deux héritages.

_____

(1) Art. 1183. — 2177. Cet article prévoit un cas particulier : Les servitudes et droits réels que le tiers détenteur avait sur l'immeuble avant
sa possession, renaissent après le délaissement ou après l'adjudication
faite sur lui.

Toutefois, nous savons que dans ce cas les servitudes pourraient revivre par la destination du père de famille, si, alors qu'elles existaient, elles étaient continues et apparentes, et si lo propriétaire a conservé entre les deux fonds les relations d'asservissement (1). Nous n'avons pas d'ailleurs à revenir sur ce sujet que nous avons longuement développé plus haut.

II

Extinction par changement des lieux produisant l'impossibilité d'user.

Voici d'abord les textes qui régissent la matière :

Art. 665. Lorsqu'on reconstruit un mur mitoyen ou une maison, les servitudes actives et passives se continuent à l'égard du nouveau mur ou de la nouvelle maison, sans toutefois qu'elles puissent être aggravées, et pourvu que la reconstruction se fasse avant que la prescription soit acquise.

Art. 703. Les servitudes cessent lorsque les choses se trouvent en tel état qu'on ne peut plus en user.

Art. 704. Elles revivent si les choses sont rétablies de manière qu'on puisse en user, à moins qu'il ne se soit déjà écoulé un espace de temps suffisant pour faire présumer l'extinction de la servitude, ainsi qu'il est dit à l'article 707.

Comme on le voit, le principe général est posé dans

(1) Art. 692, 693 et 694.

l'article 703; les articles 665 et 704 en contiennent les applications, et en même temps y apportent des exceptions.

Occupons-nous en premier lieu du principe général : Les servitudes cessent lorsque les choses se trouvent en tel état qu'on ne peut plus en user.

Le principe n'est pas nouveau dans la science, et il n'y peut être nouveau, car la force même des choses entraîne son application (1). L'impossibilité d'user, c'est-à-dire une telle situation pour le fonds dominant qu'il ne puisse plus tirer du fonds servant l'utilité, l'avantage auxquels il a droit, c'est un fait qui doit certainement éteindre la servitude, ou tout au moins en suspendre l'exercice pendant le temps que durera l'obstacle, une inondation, par exemple, qui submerge le fonds, ou un incendie qui consume la maison.

On comprend que ce sera là surtout une question de fait.

Il peut arriver qu'un événement fasse perdre seulement la partie du fonds sur laquelle la servitude existait, et qu'alors il n'y ait à son exercice qu'une impossibilité locale et non absolue. Dans ce cas, la servitude, le droit de passage, par exemple, pourra-t-il être transporté dans une autre partie du fonds? Cela dépendra des termes dans lesquels la constitution a été conçue, car si le lieu de l'exercice de la servitude avait été précisé d'une manière certaine dans le titre, le droit ne pourrait porter que sur la partie du fonds mentionnée,

(1) Domat, lois civiles, livre 1, titre 12, nos 1 et 2.

et, éteinte pour cette partie, elle serait éteinte pour le fonds tout entier. Si, au contraire, l'exercice de la servitude n'a été localisé que par une condescendance de fait, le propriétaire du fonds dominant en devra obtenir le déplacement, s'il en fait la demande.

Les événements qui peuvent faire cesser la servitude, en en rendant l'exercice impossible, sont extrêmement nombreux, et, pour les indiquer, on ne peut procéder que par catégories; ce sont :

1° Tous les accidents de cas fortuit ;

2° Tous les accidents de force majeure ;

3° Tous les accidents provenant du fait du propriétaire du fonds dominant;

4° Tous les accidents provenant du fait d'un tiers (2). Mais l'impossibilité d'user peut être le résultat du fait illicite d'un tiers, ou du fait du propriéraire du fonds servant. Dans ces deux cas, il faut décider que la servitude est éteinte en principe ; seulement, soit en vertu de l'article 701, soit en vertu de l'article 1382, le propriétaire du fonds dominant a le droit d'exiger le rétablissement des lieux et par conséquent le rétablissement de la servitude, et de plus une indemnité pour la jouissance dont il aura été privé ; que si les lieux ne peuvent être rétablis dans leur état primitif, le droit qu'a le propriétaire à ce rétablissement se traduira en un droit à une indemnité proportionnée à ses pertes.

---

(1) Le mot *accident* n'est pas pris ici dans la signification exclusive que lui donne la langue française; il a son sens latin, ce qui arrive, *quod accidit*.

Nous savons que le propriétaire du fonds servant n'est pas obligé personnellement vis-à-vis du propriétaire du fonds dominant; lors donc que la servitude *cessera* sans son fait ou sans sa faute, il ne devra aucune indemnité.

Ainsi donc, il résulte bien de ce que nous venons de dire sur le principe général de l'art. 703 que, par suite de certains faits, les servitudes cessent et sont éteintes.

Nous avons dit que les art. 665 et 704 apportaient des exceptions ; et, en effet, d'une part, l'art. 665 nous dit que, dans certains cas, les servitudes *se continueront*, et l'art. 704 nous dit qu'il peut se faire qu'elles *revivent*. Il nous paraît hors de doute, malgré cette expression de l'art. 704, que dans tous les cas où ces deux articles s'appliqueront, il ne sera pas exact de dire que les servitudes ont été éteintes, et qu'il faut admettre, en repoussant l'inutile fiction d'une résurrection légale, qu'elles ont été seulement interrompues, et que ce que l'art. 704 appelle une *renaissance*, n'est, comme le dit l'art. 665, qu'une *continuation*.

Les servitudes interrompues se continueront toutes les fois que les choses seront rétablies de façon à rendre possible leur exercice, et cette règle un peu vague ne peut pas théoriquement être précisée davantage ; l'étude des faits devra entrer, à cet égard, pour la meilleure part dans la détermination du juge.

Suivons l'application de cette règle dans les deux articles que nous avons indiqués.

L'art. 665 (1) dispose que, lorsqu'on reconstruit un mur mitoyen ou une maison, les servitudes actives et passives se continuent à l'égard du nouveau mur ou de la nouvelle maison, sans toutefois qu'elles puissent être aggravées, et pourvu que la reconstruction se fasse avant que la prescription soit acquise.

Il semble que cette application dépasse la règle, car dans le fait de la démolition du mur ou d'une maison, — fait qui ne peut se confondre avec une inondation ; par exemple. — Il y a plus qu'un obstacle à l'exercice de la servitude, il y a extinction complète, puisqu'il y a extinction du fonds sujet ou objet de cette servitude. Aussi les Romains avaient-ils été parfaitement logiques en distinguant à ce point de vue les servitudes *quæ in solo* et celles *quæ in superficie consistunt*, ces dernières s'éteignant avec la ruine de la *superficie* (2). Mais, comme le montre le dernier fragment que nous citons en note, cette logique rigoureuse a dû fléchir devant les nécessités pratiques, et, *utilitas exigit,* l'utilité a exigé que la maison reconstruite à la place de la maison détruite fût considérée toujours comme la même maison.

(1) Ce n'est que d'une façon incidente que nous nous occupons de cet article qui appartient à une matière non comprise dans le programme de cette thèse, bornée à l'étude des *modes d'établissement* et *d'extinction des servitudes constituées par le fait de l'homme.*

(2) Dig., Loi 14, livre 8, titre 6. *Si locus per quem via, aut iter, aut actus debebatur, impetu fluminis occupatus esset......,* etc., et loi 20, par. 2, livre 8, titre 2 : *Si sublatum sit ædificium, in quo stillicidium cadit, ut eadem specie et qualitate reponatur utilitas exigit, ut idem intelligatur ; nam alioquin, si strictius interpretetur, aliud est quod sequenti loco ponitur ; et ideo sublato ædificio, ususfructus interit, quamvis area pars est ædificii.*

C'est dans cet esprit moins exact, mais plus favorable, qu'a été conçu l'art. 665.

Du reste, la servitude ainsi rétablie ne doit porter aucune aggravation dans l'état du fonds servant (1). C'est un principe qui ne souffre pas d'exceptions; les choses doivent être remises dans leur situation primitive, et cette situation doit être telle que l'on puisse user de la servitude.

Le propriétaire d'une maison, qui la ferait démolir, avec intention de la reconstruire, ferait bien de faire constater l'état des lieux, contradictoirement avec le propriétaire voisin (2). Mais nous pensons que cette constatation écrite pourrait être suppléée par la preuve testimoniale, bien que quelques personnes refusent de l'admettre dans cette hypothèse, sous prétexte qu'il a été possible de se procurer une preuve écrite (3). Mais dans l'état des lieux duquel résulte une servitude, il y a pour le propriétaire du fonds dominant un fait de possession, possession du droit d'égout, du droit de passage, et la possession peut se prouver par témoins (4).

L'art. 704 contient, lui aussi, une exception au principe général écrit dans l'art. 703, et cette exception est flagrante. Cet article contient encore une application de cette idée qu'une servitude, suspendue par suite de changements survenus dans l'état des lieux qu'elle af-

(1) Art. 665.
(2) M. Demolombe, n° 675.
(3) En ce sens, arrêt de la Cour d'Amiens, du 29 juin 1842.
(4) En ce sens, arrêt de la Cour de Caen, du 16 décembre 1848

fectait, peut recommencer lorsque ces lieux ont été ramenés à leur situation première. Cette application est
même bien plus rationnelle que celle que nous venons
de trouver consignée dans l'art. 665 ; qu'un fonds
grevé d'une servitude de passage soit inondé, et que la
servitude soit interrompue, rien n'est plus simple.
Enfin, que l'inondation cesse, et que le droit de passage
recommence à s'exercer sur le fonds autrefois submergé,
rien n'est encore plus simple, et, encore une fois, cela
se comprend mieux que dans l'hypothèse de l'art. 665,
où la servitude paraît avoir été irrévocablement éteinte,
si bien que pour elle, lorsqu'elle reparaît, ce n'est pas
en vertu d'une cause préexistante, mais en vertu d'une
cause nouvelle. Nous avons dit dans quel but utile et
pratique le législateur avait assimilé ces deux cas ;
mais, ce qui est bizarre, c'est que dans les expressions
dont il s'est servi, il n'ait pas tenu plus de compte du
fond des choses. Dans l'art. 665, la servitude est
éteinte, et cependant la loi dit qu'elle *se continuera*
sous certaines conditions ; dans l'art. 704, la servitude
n'est qu'un moment interrompue, et la loi nous apprend,
non pas qu'*elle se continuera, mais qu'elle revivra*.

L'art. 704 ne peut s'appliquer que si les choses sont
rétablies de façon que l'on puisse user de nouveau de
la servitude. Les lieux doivent être rétablis dans un
état analogue tout au moins, sinon identique (1), à celui

(1) Quelques auteurs pensent que le rétablissement doit, pour redonner
la vie aux servitudes, replacer les choses dans un état *identique* à l'état
primitif ; cette solution nous paraît exagérée, comme elle l'a paru à la
cour de cassation, le 21 mai 1851.

qui existait auparavant ; le fonds servant ne doit recevoir aucune aggravation.

Enfin, pour terminer sur cette matière, il nous reste un point fort important à examiner. Les art. 665 et 704 nous disent tous les deux, quoique dans des termes un peu différents : Les servitudes revivront ou se continueront, à moins que la prescription ne soit accomplie avant le rétablissement des lieux. Il résulte bien de ces dispositions que, si le rétablissement n'a lieu qu'après que le temps requis pour la prescription s'est écoulé, la cessation de la servitude n'en reste pas moins définitive (1). Le délai requis pour l'accomplissement de cette prescription est de trente ans.

En parlant ici de *prescription*, nous tranchons une question fort débattue : la question de savoir si le délai dont il est question dans les art. 665, 703 et 704, est un délai préfix ou une véritable prescription.

Trois opinions ont été enseignées à cet égard, la première en faveur du délai préfix, les deux autres en faveur de la prescription, mais avec des divergences. Nous allons exposer chacune d'elles.

Le délai dont il est question dans les art. 665, 703 et 704 est un délai préfix.

Les travaux préparatoires du Code démontrent, avec une évidence complète, que telle a été la pensée du législateur. Nous avons vu que la survivance de la servitude à la condition des lieux qui l'avait produite est quelque chose d'anormal, surtout appliquée aux servi-

(1) Art. 665, 704 et 707.

tudes *quæ in superficie consistunt.* C'est aussi quelque chose de dangereux et de contraire à l'ordre public que la propriété soit menacée, pour l'avenir et d'une façon indéterminée, de voir renaître, sous l'empire de telles ou telles circonstances, en cas de rétablissement, de restauration d'une maison ou d'une fontaine, des charges onéreuses dont d'autres circonstances l'avaient dégrevée. Le crédit du propriétaire en est affecté ; les transactions qu'il pourrait faire sont plus difficiles et moins avantageuses ; l'incertitude enfin plane sur la valeur future de l'héritage, au grand détriment de sa valeur présente ; c'est un état qui ne doit pas se prolonger ! Et les rédacteurs l'ont bien compris, puisque alors qu'ils exigeaient un laps de temps de trente ans pour l'accomplissement de la prescription, ils disaient que dix ans suffisaient pour empêcher la servitude de revivre (1). *Elles revivent,* disait le projet de Code, *si, dans les dix ans, les choses sont rétablies de manière à ce qu'on puisse en user.*

Donc, à cette époque, ce délai de dix ans n'était pas une véritable prescription, mais un délai préfix. Le délai a été porté à trente ans. Est-ce à dire qu'il ait changé de nature ? Cela n'est pas probable ; la modification fut faite sur la demande du tribunal de Grenoble, pas ce motif fort judicieux, que, à l'inverse de ce que le bon sens exigeait, la servitude était éteinte par dix ans seulement, dans le cas où on ne pouvait pas en user, tandis que celui qui pouvait en user, mais qui le

(1) Art. 55, titre 4, projet de l'an VIII.

négligeait, ne la perdait que par trente ans; on demandait donc que le délai fût étendu à trente ans, et c'est
ce qui fut fait (1), sans que le caractère du délai fût
changé (2).

Au surplus, force est bien d'admettre cette opinion,
sous peine de rayer du Code les articles 665, 703 et
704, qui ne signifient rien du tout, en présence des
articles 706 et 707, s'ils ne signifient pas que la servitude sera éteinte après un délai préfix de trente ans.

L'art. 706 dit que la servitude est éteinte par le non-
usage prolongé durant trente ans. Or, l'impossibilité
d'user d'une servitude en entraîne nécessairement le
non-usage; donc les articles 665, 703 et 704 sont
compris dans l'art. 706; donc, s'ils n'ont pas un sens
propre, ils ne sont qu'une superfétation.

Ce raisonnement ne nous convertit pas, et nous re-
poussons cette opinion (3).

Il ne nous paraît pas douteux que le délai de l'art.
704 soit une prescription véritable, et que, par conséquent, disons-le de suite, pour nous séparer d'un système intermédiaire, il soit soumis à toutes les règles
d'interruption ou de suspension relatives à la prescription (4). C'est une véritable prescription, et, pour l'établir, nous devons, à notre tour, invoquer les travaux
préparatoires. Il est bien vrai que le projet de l'an viii-

(1) Analyse des observations des tribunaux d'appel et du tribunal de
cassation (Paris, 1802), pages 421 et suiv.
(2) Fenet, t. 2, p. 123.
(3) Elle a été repoussée par deux arrêts de la Cour de cassation du 27
février 1844, et du 20 janvier 1845.
(4) Art. 2242 et suivants.

permettait de décider, au moins quant à la durée, que
le délai qui nous occupe n'était pas une prescription
ordinaire, et qu'on pouvait en tirer cette conclusion,
même pour la nature et le fonds des choses. Mais, après
les observations du tribunal de Grenoble, après le
changement de rédaction qui fut opéré dans le même
sens, cela n'est plus possible. Le tribunal demande
pourquoi on n'assimile pas ces *deux prescriptions*,
celle de l'art 704 et celle de l'art. 706, et le législateur lui répond en faisant cette assimalation (1). Il considère donc que c'est une véritable prescription.

Fût-il vrai que dans cette opinion les articles 703 et
704 ne dussent plus avoir d'utilité, que ma conviction
n'en serait pas ébranlée. Il n'est pas rare de voir la loi
poser plusieurs fois le même principe, principe auquel
ces répétitions ne font que donner une autorité nouvelle.
Mais ils ont cette utilité spéciale de trancher une question sur laquelle le droit romain et l'ancienne jurisprudence étaient en désaccord, de décider enfin ce qui
pouvait être douteux, — et les adversaires le prouvent

(1) Nous citons, dans leur ensemble, les observations du tribunal de
Grenoble qui jettent la plus vive lumière sur le point en litige : *L'article
55 dispose que les servitudes revivent si, dans les dix ans, les choses sont
rétablies de manière à ce qu'on puisse en user.... On observera que si, en
matière de servitude, il est un cas qui mérite quelque faveur, et par conséquent où il faille admettre le plus long terme fixé pour opérer la prescription, c'est celui où le propriétaire du fonds dominant ne peut user de son
droit de servitude par une force majeure momentanée, comme il arrive
lorsque le fonds servant est inondé, ou que la fontaine où l'on avait le
droit de puiser, tarit et renaît ensuite..... Cependant, l'article 55 veut que
dans ce cas la servitude soit éteinte par dix ans de non-usage, tandis que
si l'on eût pu en jouir, il aurait fallu trente années de non-usage pour la
perdre...* On propose donc, etc. (Observations des tribunaux d'appel, etc.,
loc. cit.)

bien, — c'est-à-dire que, soit par impossibilité d'user, soit par non-usage, les servitudes s'éteindraient de la même manière.

Les dangers de cette thèse ne sont pas d'ailleurs aussi grands qu'on les représente ; sans doute, il y aura incertitude sur la propriété, mais il en est de même toutes les fois qu'il s'agit d'une question de prescription, et les lois ordinaires sur la matière sont suffisantes pour y parer.

De tout ceci il résulte, comme conclusion invincible, que le délai de trente ans passé lequel les servitudes éteintes par l'impossibilité d'user ne peuvent plus revivre, constitue une véritable prescription, c'est-à-dire qu'il peut être interrompu, et qu'il ne court pas contre les mineurs ou femmes mariées.

Pour nous, la vérité est là ; nous espérons avoir démontré qu'elle n'est pas en deçà, mais il ne nous paraît pas non plus qu'elle soit au delà.

Quelques auteurs cependant dépassant le but, proposent la distinction suivante : Si le changement des lieux, qui rend impossible l'exercice de la servitude, est tel que le propriétaire du fonds dominant puisse le faire cesser, la prescription extinctive courra contre lui, à moins d'actes interruptifs ou de causes suspensives ; si, au contraire, ce changement provient de la force majeure, alors la prescription sera suspendue de plein droit, sans qu'il soit nécessaire de faire aucun acte interruptif (1).

---

(1) Voici cette distinction précisée par des exemples : Paul a sur le fonds de Pierre un droit de passage ; Pierre ferme le passage ; la prescription

Nous pensons que ce sont les règles de la prescription qui doivent être appliquées dans tous les cas, et que, bien même qu'il s'agisse d'un empêchement de force majeure, le délai courra, dans les limites du droit commun, contre le propriétaire du fonds dominant.

Le système contraire, qui reproduit la maxime : *Contrà non valentem agere non currit præscriptio*, maxime implicitement abrogée au titre de la prescription (1), se met en contradiction avec lui-même ; il reconnaît que l'art. 704 contient un cas de prescription, et il refuse d'admettre les conséquences de cette vérité. Mais, dit-on, cette maxime est répétée par l'art. 704 : Les servitudes revivront porte ce texte, si les choses sont rétablies, de manière qu'on puisse en user, à moins qu'il ne se soit déjà écoulé un espace de temps suffisant *pour faire présumer* l'extinction. Or, l'espace de temps, pendant lequel n'a pas agi celui qui ne pouvait pas agir, ne prouve pas qu'il ait renoncé à la servitude.

Mais, d'une part, la généralité des termes de cet article embrasse aussi bien les empêchements de force majeure que les autres ; et, d'autre part, il est inexact de dire que la prescription ne soit qu'une présomption

courra contre Paul, à moins qu'il ne l'interrompe ou qu'il ne soit dans une situation telle qu'elle ne puisse courir contre lui. — Au contraire, le passage est empêché par une inondation, la prescription sera suspendue de plein droit en faveur de Paul.

(1) Voyez notamment les articles 2242, 2251 et suivants. — Domat disait au contraire : *La prescription ne doit pas courir contre celui qui ne peut pas user de la servitude.* (Lois civ., livre 1, titre 12, sect. 6, n° 1.)

de libération : c'est un moyen de libération, une libération réelle et efficace; dans notre espèce tout particulièrement, la pensée de la loi ne peut échapper à personne. Le projet de Code de l'an VIII, titre IV, portait que la servitude *est censée* éteinte par le non-usage pendant trente ans (1). Mais le tribunat fit remarquer, et sa remarque fut suivie d'une rectification dans la loi, que le non-usage pendant trente ans d'une servitude en opère l'extinction absolue, et que se contenter de dire qu'elle est censée éteinte, serait atténuer l'idée. (2).

Il y a donc, à tous points de vue, dans l'art. 704, une prescription véritable.

Pour déterminer le point de départ de cette prescription, appliquerons-nous l'art. 707, et dirons-nous qu'elle courra du jour où la jouissance aura cessé pour les servitudes discontinues, ou pour les servitudes continues du jour où il aura été fait un acte contraire ?

L'affirmative est évidente, car l'art. 704 renvoie précisément à l'art. 707. La raison de douter, c'est que la force majeure, en empêchant l'exercice de la servitude, empêchera aussi le plus souvent le propriétaire du fonds servant de faire un acte qui y soit contraire. Je pense que l'art. 707 n'en est pas moins applicable, au moins en principe. S'il est possible au propriétaire du fonds servant de faire un acte contraire à la servitude, il devra le faire ; si cela n'est pas possible, l'état des lieux, l'inondation, par exemple, constituera, et au delà, l'acte contraire à la servitude qu'exige la loi.

(1) Fenet, t. 2, p. 123, art. 55.
(2) Fenet, t. 9, p. 290.

III

Extinction par non-usage.

La loi règle l'extinction des servitudes par le non-usage dans les articles suivants :

Art. 706. — La servitude est éteinte par le non-usage pendant trente ans.

Art. 707. — Les trente ans commencent à courir, selon les diverses espèces de servitudes, ou du jour où l'on a cessé d'en jouir, lorsqu'il s'agit de servitudes discontinues, ou du jour où il a été fait un acte contraire à la servitude, lorsqu'il s'agit de servitudes continues.

Art. 709. Si l'héritage en faveur duquel la servitude est établie appartient à plusieurs par indivis, la jouissance de l'un empêche la prescription à l'égard de tous.

Art. 710. —Si parmi les copropriétaires il s'en trouve un contre lequel la prescription n'ait pu courir, comme un mineur, il aura conservé le droit de tous les autres.

Nous avons déjà cité les articles des coutumes de Paris et de Normandie (1), qui interdisent l'acquisition des servitudes par prescription, en autorisant, au contraire, la libération par ce moyen. Et en effet, cette doctrine n'est pas nouvelle; elle remonte au droit romain (2), et se rencontre fort précisée dans notre ancienne jurisprudence (3). Basnage s'exprime ainsi :

(1) Art. 186, cout. de Paris.—Art. 607, cout. de Normandie.
(2) Dig., livre 8, titre 6.
(3) Claude de Ferrières (Dictionnaire de droit, vᵉ Servitude), dit aussi : *La Servitude ne s'éteint pas seulement par le non-usage, mais encore par un usage qui n'est pas conforme à la manière portée par l'acte qui a établi la servitude.*

12

L'on peut perdre une servitude, comme les autres biens, par le défaut de possession et par non-usage.... L'on ne doit punir néanmoins que la faute ou la négligence du propriétaire (1).

La prescription est donc un moyen de s'affranchir d'une servitude ; c'est bien une prescription libératoire, fondée sur cette alternative : ou bien le propriétaire de la servitude y a renoncé, ou bien il est en faute de ne pas l'avoir exercée pendant un temps considérable.

Cette prescription s'étend à toutes les servitudes, soit qu'elles soient continues, soit qu'elles soient discontinues (2) ; soit que leur exercice ait commencé, soit qu'il n'ait pas commencé ; car en supposant que l'on veuille considérer le droit qui n'a pas reçu un commencement d'exécution, non pas comme une servitude, mais comme une obligation, l'action naissant de cette obligation serait également éteinte par trente ans de non-usage (3). Cette règle devrait être modifiée, s'il n'y avait eu qu'une simple promesse de servitude, dont la réalisation fût renvoyée à une époque ultérieure (4).

Au surplus, l'usage d'une servitude, comme la possession de tout autre droit, peut être fait, non-seulement par le propriétaire lui-même ou par ceux qui le représentent directement, mais encore par ceux qui le représentent indirectement, tels que l'usufruitier, l'usager, l'emphytéote, le fermier ; l'usage que ferait tout autre que le propriétaire et ses représentants interrom-

(1) Cout. de Normandie, art. 607.
(2) Sauf l'application de l'article 707.
(3) Art. 2262.
(4) M. Pardessus, t. 2, n° 310.

prait même la prescription : *Nam satis est fundi nomine itum esse,* dit le jurisconsulte Celsus (1); pourvu
que l'usage ait eu lieu à l'occasion du fonds dominant.
L'art. 709 n'est qu'une application de ces principes, et
après ce que nous venons de dire, il ne paraîtra pas
étonnant que le copropriétaire par indivis d'un héritage
jouissant d'une servitude sur l'héritage voisin, et qui
l'exerce seul, la conserve cependant pour tous les autres. *La jouissance de l'un empêche la prescription à
l'égard de tous*; de même, celui contre lequel la prescription sera suspendue, u᠃ mineur, par exemple, celui-là *conservera le droit de tous les autres* (2).

Cette disposition de la loi nous paraîtra fort logique,
si nous nous trouvons en présence d'une servitude indivisible, un droit de passage ou autre semblable. Il ne
se pourrait pas alors que la servitude, due à toutes les
portions du fonds, fût perdue pour les unes et conservée
pour les autres. Le même résultat est au contraire cho-
quant en face d'une servitude divisible, dont le bénéfice,
pouvant être partagé entre plusieurs, semble fort bien
pouvoir être enlevé aux uns et laissé aux autres. Toujours est-il que les art. 709 et 710 ne distinguent pas !
Un seul propriétaire a-t-il exercé le tiers de la servitude pendant trente ans (a-t-il, par exemple, extrait le
tiers de la quantité de marne due par le fonds servant à

(1) Le jurisconsulte Scævola (Dig., livre 8, titre 6), attribue même au
propriétaire le bénéfice d'un passage qui serait fait par un ami en visite,
un ouvrier allant à son travail. *Usu retinetur servitus, cum ipse cui debetur,
utitur, quive in possessionem ejus est. Aut mercenarius, aut hospes, aut
medicus, quive ad visitandum dominum venit.*

(2) Art. 710.

lui et à ses deux copropriétaires), la servitude se trouve bien modifiée en ce sens que ce qui est dû désormais, c'est le tiers seulement de ce qui était dû primitivement; mais elle est encore conservée pour tous, en ce sens que ce qui sera payé sera partagé entre tous les copropriétaires négligents ou non négligents (1).

Aux termes de l'art. 706, le non-usage doit durer trente ans pour éteindre la servitude (2). Les termes de cet article excluent l'application des principes du droit romain, qui, pour certaines servitudes, pour celles qui s'exercent *alternis annis, vel mensibus, alternis diebus, aut die toto, aut tantum nocte*, permettait d'augmenter le délai de la prescription (3). Notre législation est plus uniforme, et jamais la prescription ne peut dépasser le délai de trente ans.

Mais la durée de la prescription ne pourrait-elle être plus courte ?

Ne pourrait-on pas appliquer la prescription de dix à vingt ans à l'extinction des servitudes (4) ? Nous supposons, bien entendu, que c'est avec bonne foi et par juste titre que l prescrivant a acquis une propriété grevée de servit o, lorsqu'il la croyait libre.

La raison de d ter la plus sérieuse, et, selon quelques auteurs, la r son de décider que la prescription de l'art. 2265 ne s'applique pas à l'extinction des servitudes, c'est qu'ici il s'agit d'une prescription libéra-

(1) Art. 708.—Voir l'Appendice à la fin de ce chapitre.
(2) Art. 2262.
(3) Livre 8, titre 6, loi 7, Paul.
(4) Nous avons déjà discuté cette question à propos de l'acquisition des servitudes.

toire non susceptible, comme la prescription acquisitive, de s'accomplir dans ce délai abrégé. Mais cette observation ne saurait nous arrêter, car, en réalité, la prescription extinctive d'une servitude est une prescription acquisitive. Le tiers acquéreur d'un immeuble assujetti a acquis la pleine propriété, moins un démembrement, et de même que par dix à vingt ans de possession il pourrait acquérir la pleine propriété, il doit pouvoir acquérir ce démembrement ; et la loi autorise fort bien cette faculté, puisqu'elle nous dit, dans l'art. 2180, que le tiers acquéreur d'un immeuble hypothéqué prescrit l'hypothèque par une prescription acquisitive, par une prescription de dix à vingt ans (1).

Les précédents historiques et les principes du Code sollicitent vivement, d'ailleurs, l'admission de la solution affirmative.

Nous savons que l'art. 186 de la Coutume de Paris défendait d'acquérir les servitudes par la prescription, même immémoriale, mais qu'il ajoutait que *la liberté s'en peut reacquérir contre le titre de servitude par trente ans.* D'autres articles de la même coutume, les art. 113 et 114 notamment, permettaient à celui qui avait acquis *héritage ou rente à juste titre et bonne foi,* d'user de la prescription décennale ou vicennale (2). Po-

---

(1) Art. 2180. « Les priviléges et hypothèques s'éteignent..... 4° Par la « prescription...... Quant aux biens qui sont dans la main d'un tiers dé- « tenteur, elle lui est acquise par le temps réglé pour la prescription de « la propriété à son profit......

(2) Argou (Institut. au droit français, livre 2, chap. 10, page 334) dit à propos de ces articles : *On peut par le moyen de cette prescription acquérir la propriété de l'immeuble et l'exemption des hypothèques et des autres droits dont il est chargé.* — L'article 521 de la coutume de Norman-

thier enseignait la même chose (1). Enfin, la loi intermédiaire du 11 brumaire an VIII disposait dans le même sens (2). L'art. 2180 du Code établit d'une façon péremptoire que le Code Napoléon n'a pas trahi ses principes; que pour lui la prescription extinctive d'une charge grevant un immeuble n'est autre chose qu'une prescription acquisitive de la pleine propriété, laquelle peut s'accomplir par dix ou vingt ans (3). On oppose à l'argument tiré de l'art. 2180 cette considération que, lorsque la prescription court, au profit du tiers-acquéreur contre les créanciers hypothécaires, elle ne commence que du jour où son titre a été transcrit sur les registres du conservateur (4); or aucun texte pareil n'existe en ce qui concerne les servitudes; donc le législateur n'a pas entendu assimiler les deux cas. La réponse est des plus simples. L'intérêt des créanciers hypothécaires exige que la transcription soit faite afin de porter à leur connaissance un acte qu'ils ont pu ignorer; mais les mêmes motifs n'existent pas pour les servitudes, et le propriétaire du fonds dominant, sans cesse et forcément en relations avec le fonds servant, connaissant par conséquent tous les événements qui le touchent, n'a aucun intérêt à la transcription, qui, si elle était exigée, serait dès lors inutile et coûteuse. Le contraire ne peut arriver que dans des hypothèses fort rares, et le plus sou-

die dit, il est vrai, en sens inverse : — *Prescription de quarante ans vaut titre en toute justice pour quelque chose que ce soit, pourvu que le possesseur en ait joui paisiblement pendant ledit temps.*

(1) De la prescription, n° 130.
(2) Chap. 2, art. 35.
3) Art. 2265.
(4) Art. 2180, *in fine.*

vent même, l'ignorance du propriétaire du fonds dominant pourrait lui être imputée à faute. Cette objection
n'est donc pas sérieuse ! On dit encore que pour les hypothèques il y a un texte formel, celui de l'art. 2180,
tandis qu'il n'y en a pas pour les servitudes ; mais quand
les raisons sont les mêmes, et que la loi n'est pas formellement contraire, on doit adopter la décision qu'elle
porte dans un cas semblable ; car *ubi eadem ratio, idem
jus esse debet.* Il y a la plus complète analogie entre les
deux cas ; l'art. 706 n'est pas contraire, puisqu'il ne
résout pas la question ; donc, pour la résoudre, on peut
emprunter le principe de l'art. 2180 (1).

Mais, dit-on, l'article 706 exige un laps de temps de
trente ans, et l'article 2264, au titre de la prescription,
ne permet pas d'y déroger. Sans doute, l'article 2264
renvoie à l'article 706; mais ce n'est pas à l'exclusion
du droit commun, et le droit commun, c'est aussi bien
l'article 2265 que l'article 706. Si ce dernier texte ne
mentionne que la prescription trentenaire, c'est parce
que, comme nous l'avons déjà dit, pour certaines servitudes, l'ancien droit exigeait des prescriptions plus
longues, et qui maintenant ne sont plus exigées (2).
D'ailleurs, l'article 617 dit, lui aussi, que l'usufruit
s'éteint par le non-usage de trente ans, et cependant

(1) M. Duranton, t. 5, n° 691.

(2) Les articles 521 et 607 de la coutume de Normandie exigeaient, pour
l'extinction par prescription de toutes les servitudes, un laps de temps de
quarante ans.—Les articles 11 et 124 de la coutume de Paris, et d'autres
encore, défendaient au vassal de prescrire, même par la possession immémoriale, contre les droits seigneuriaux et féodaux, et exigeaient une prescription de quarante ans pour éteindre les droits incorporels, qui pouvaient appartenir à l'Église.

tout le monde admet que la prescription de dix à vingt ans lui est applicable. Je pense donc que ce que l'on décide pour l'art. 617, il faut le décider pour l'art. 706, et je repousserais même la distinction que quelques auteurs (1) veulent faire entre le cas où le tiers détenteur a acquis du véritable propriétaire l'immeuble grevé de servitude, et le cas où il l'a acquis *à non domino*. Dans le second cas seulement, la prescription décennale ou vicennale serait admise. Ces distinctions sont mauvaises; elles affaiblissent le principe et donnent prise aux adversaires (2). Dans tous les cas, la prescription extinctive d'une servitude sera une prescription acquisitive de la pleine propriété, soumise aux règles de l'article 2265 (3).

Quant au point de départ de la prescription, on se rappelle quelle est la distinction que fait l'art. 707 :

1° Si la servitude est discontinue, la prescription court du jour où l'on a cessé d'en jouir;

2° Si la servitude est continue, il faut, outre le non-usage, un acte contraire à la servitude.

Cette distinction n'est pas nouvelle (4).

(1) M. Marcadé, sur l'article 706 et l'article 2265.
(2) M. Demolombe, servitudes, n° 1004.
(3) En ce sens, arrêt de Nancy, du 14 mars 1842.—En sens contraire, arrêt de cassation du 14 novembre 1853.
(4) *Une servitude consistant au seul état du fonds auquel elle est attachée ne se perdrait point non utendo, pendant quarante ans, ou plus de quarante ans, à moins que le propriétaire de l'héritage servant n'eût fait depuis quarante ans quelque chose qui eût empêché de jouir de la servitude.* (Comment. sur l'article 607 de la coutume de Normandie.) *A l'égard de celles (des servitudes) dont l'usage n'est pas continuel, par exemple, le droit d'empêcher son voisin d'élever son bâtiment plus haut qu'une certaine hauteur, celui d'ouvrir des vues, la prescription ne commence à courir que du jour où il y a jouissance et possession contraires au titre de la servitude.* (Lemaître, sur la cout. de Paris, titre 9, chap. 3).

Ainsi, pour les servitudes discontinues, les trente ans commencent à courir du jour où l'on a cessé de jouir, c'est-à-dire d'exercer la servitude, encore bien qu'il subsiste quelques travaux de ceux qui avaient été faits pour faciliter ou rendre possible cet exercice, tel par exemple qu'une porte, s'il s'agissait d'un droit de passage ; c'est du moins en ce sens que la jurisprudence s'est prononcée quelquefois (1). La servitude discontinue ne peut exister qu'autant que dure le fait de jouissance ou d'exercice.

Pour les servitudes continues, la prescription ne courra que du jour où il aura été fait un acte contraire à la servitude, et cet acte devra remplir les conditions suivantes, sans lesquelles un doute pourrait subsister sur le motif qui l'a produit, et la portée qu'il doit avoir.

Il devra être :

1° Matériel ;

2° Permanent ;

3° Apparent ;

4° Contradictoire du droit du propriétaire du fonds dominant, et non pas seulement le résultat de sa tolérance ;

5° Terminé.

Peu importe, du reste, qu'il soit fait sur le fonds dominant ou sur le fonds servant ; peu importe aussi qu'il soit l'œuvre du propriétaire du fonds servant, ou celle du propriétaire du fonds dominant, ou enfin celle d'un tiers. Ces diverses circonstances ne sont pas de nature à influer sur les effets qu'il doit produire. Cependant,

(1) Arrêt de la cour de cassation, 9 mai 1846.

sur le dernier point, on a soutenu une proposition contraire à la nôtre (1); on a soutenu qu'il ne pouvait
émaner que du propriétaire du fonds servant, parce
que, autrement, il ne serait pas contradictoire du droit
existant; mais ceci n'est pas exact : de quelque personne qu'il émane, l'acte contraire à la servitude sera
propre à fonder un non-usage, qui, prolongé pendant
trente ans, vaudra extinction de la servitude. D'ailleurs,
il est impossible de trouver trace de cette distinction
dans l'article 707.

Quelques difficultés naîtront sur l'application de
l'art. 707, à propos des servitudes discontinues ou
continues dont l'usage, pour les premières, serait soumis à des intervalles forcés, et, pour les secondes, à des
intervalles forcés aussi, et contrairement à la nature de
ces servitudes, à un fait de l'homme pour les mettre en
exercice.

I. Pour les servitudes discontinues, soumises dans
leur exercice à des intervalles forcés, par exemple le
droit de passer tous les dix ans sur un fonds pour faire
une coupe de bois, nous avons établi que le délai de la
prescription ne devait pas être augmenté; mais quel en
sera le point de départ? On a soutenu qu'il datait du
dernier acte de jouissance effective, et ce sont bien là,
en effet, les termes rigoureux de l'article 707. La prescription, dit cet article, *court du jour où l'on a cessé
de jouir* (2). Mais je pense qu'il vaut mieux décider
que la prescription ne commence à courir que du jour

(1) M. Pardessus, servitudes, t. 2, n° 308.
(1) Cassation, 6 février 1830.

où un nouvel acte de jouissance pouvant avoir lieu, aucun usage n'aurait été fait de la servitude. D'abord, la prescription ne court pas contre les droits conditionnels, et, dans l'espèce, la servitude soumise, dans son exercice, à des intermittences forcées, est précisément, quant à son exercice futur, un droit conditionnel (1). De plus, la prescription est fondée sur la négligence du propriétaire du fonds dominant à user de son droit, et il n'est pas en faute tant qu'il n'a pas laissé passer l'époque où cet usage était possible ; jusqu'à cette époque sa possession n'a même pas cessé, et aucune possession n'a pu s'élever à la place de la sienne. On a bien dit que le propriétaire du fonds dominant peut interrompre la prescription en obtenant un titre récognitif de son droit : mais qui ne voit que c'est là lui imposer une obligation que la loi ne met nullement à sa charge (2)?

II Pour les servitudes continues qui ne s'exercent que par intervalles et à l'aide du fait de l'homme, comme, par exemple, une servitude de prise d'eau qui s'exerce au moyen d'une écluse qu'il faut lever, on a soutenu qu'elles étaient perdues par le non-usage encore qu'il n'eût été fait aucun acte contraire. Cela ne me paraît pas admissible : dans quelque circonstance que l'on se place, la servitude de prise d'eau est une servitude continue ; l'article 688 le dit formellement, et si le fait de l'homme est nécessaire quelquefois, ce n'est pas comme exercice direct de la servitude, mais comme acheminement à cet exercice.

(1) Art. 2257.
(2) Arrêt de la cour de Caen du 8 février 1843.

Auquel des deux propriétaires incombe le soin de faire preuve de l'usage ou du non-usage, pendant les trente ans? Il faut ici appliquer les principes généraux, et décider que ce sera au propriétaire du fonds dominant s'il réclame l'exercice de la servitude, et au propriétaire du fonds servant si, la servitude étant exercée, il en conteste le droit (1).

Une dernière question nous reste à examiner.

L'effet rétroactif du partage empêche-t-il le cohéritier majeur, pour les biens qui tombent dans son lot, d'exciper de la minorité de son cohéritier et de la suspension qui en résulte, à l'effet de faire déclarer non accomplie la prescription d'une servitude dont jouissait l'héritage partagé, et dont il n'a pas été usé pendant trente ans (2)?

On voit qu'il s'agit d'un conflit entre l'art. 710 et l'art. 883, qui dispose que *chaque héritier est censé avoir succédé seul et immédiatement à tous les effets compris dans son lot, ou à lui échus sur licitation, et n'avoir jamais eu la propriété des autres effets de la succession.*

C'est en se fondant sur cet article que la jurisprudence incline à se prononcer dans le sens de la négative. Si, dit-elle, celui qui acquiert par partage le fonds dominant est censé l'avoir toujours possédé et

(1) Cassation, 16 mai 1842.

(2) Primus, mineur, et Secundus, majeur, sont copropriétaires du fonds A qui a une servitude sur le fonds de Tertius. L'indivision dure dix ans; le fond A tombe au lot de Secundus. Secundus veut exercer la servitude; Tertius oppose le non-usage de trente ans. Secundus peut-il opposer que la prescription n'a pas couru pendant dix ans, puisque Primus était mineur?

toujours possédé *seul*, il ne peut plus revendiquer le bénéfice de la possession de son cohéritier, puisque cette
possession est censée n'avoir jamais existé ; dès lors
l'article 710 n'est plus applicable, et il se trouve uniquement en présence de l'article 883. « D'ailleurs,
« ajoute la Cour de cassation, l'article 710 ne statue
« que pour le cas d'une copropriété permanente et défi-
« nitive (1) et non pour celui d'une simple indivision
« transitoire (2). »

Je pense néanmoins que telle n'est pas la véritable
pensée de la loi, et que, malgré la fiction de l'article
883, la minorité de l'un des copropriétaires indivis et
la suspension qui en a été la conséquence ne sont pas
effacées par le partage et peuvent être invoquées après
ses opérations.

Il est bien vrai que, dans notre droit, le partage est
déclaratif et non pas attributif de propriété ; c'est là
une fiction, mais une fiction toute dans l'intérêt des cohéritiers, et qu'il ne faut pas retourner contre eux. En
droit romain, où le partage était translatif de propriété,
les opérations du partage n'étaient jamais ni sûres ni
définitives. Les droits réels concédés à des tiers par un
des cohéritiers subsistaient même sur des objets échus

(1) On ne conçoit pas, en droit français, en présence des articles 815,
816 et 817, une copropriété, une indivision permanente et définitive ; la
pensée de la cour de cassation n'apparaît donc pas clairement ; il est
probable qu'elle a voulu parler d'une copropriété non susceptible de
prendre fin par le partage ; mais l'article 710 ne comporte pas cette distinction, et, si elle était admise, il trouverait à peine trois ou quatre cas
d'application, ceux, par exemple, qui sont écrits dans l'article 664.

(2) Voyez, en ce sens, arrêts de la cour de cassation du 2 décembre 1845
et du 29 août 1859.

à d'autres (1); il pouvait résulter de là des actions réciproques en garantie qui se multipliaient à l'infini. Dans notre ancien droit, où les constitutions de gage et d'hypothèque étaient beaucoup plus fréquentes qu'à Rome, ces dangers étaient encore devenus plus sérieux, et ce fut dans l'intérêt des cohéritiers que, dérogeant au droit romain, on fut amené à supposer à tous les partages un effet simplement déclaratif : *Ceci étant ainsi*, dit Lebrun, *toutes les créances particulières de l'héritier se réduisent nécessairement sur son lot de partage, et elles ne grèvent point celui de ses cohéritiers* (2). Pothier (3) dit également dans le même sens : *Notre jurisprudence est beaucoup plus commode que le droit romain. Les hypothèques étant extrêmement multipliées parmi nous, on n'aurait pu faire aucun partage sûrement si on ne se fût écarté du droit romain.* Le Code a reproduit cette fiction dans l'art. 883, mais avec cette restriction implicite qu'elle ne pouvait nuire aux cohéritiers, et c'est bien dans cette pensée qu'ont été rédigés l'article 884 sur la garantie entre cohéritiers, et l'article 2103 constituant le privilége des copartageants, articles qui mettent une limite à la fiction de l'article 883, au moment où elle va nuire à ceux dans l'intérêt desquels elle a été créée.— On comprendrait peut-être la doctrine contraire, et l'application

(1) *Si fundus communis nobis sit, sed pignoris datus a me, venit quidem in communi dividundo : sed jus pignoris creditori manebit, etiamsi adjudicatus fuerit. Nam, et si pars socio tradita fuisset, integrum maneret.* (Dig., livre 10, titre 3, loi 6, par. 8.)

(2) Lebrun, des partages, livre 4, chap. 1, par. 21.

(3) Pothier, des successions, chap. 4, art. 5, par 1

spéciale que la jurisprudence en fait à la suspension
de la prescription pour cause de minorité, si le mineur
n'avait aucun intérêt à ce que son cohéritier pût invoquer cette suspension. Cet intérêt est manifeste au contraire, car la copropriété indivise laisse subsister des
effets qu'aucune fiction ne peut anéantir ; la prescription acquise nuira au mineur, quoique la servitude
qu'elle a éteinte ne soit pas tombée dans son lot, car les
lois de la garantie obligeront ce mineur à indemniser
son cohéritier. Supposons même que le mineur n'ait
pas à craindre les effets d'une action en garantie,
parce que la clause de non-garantie aura été stipulée :
le préjudice l'atteindra inévitablement d'une autre manière. Les chances d'éviction dont l'immeuble
est menacé quant à la servitude dont il jouissait, en
diminueront d'autant la valeur. Pour rétablir l'égalité
dans les lots, il faudra donc ajouter un supplément pris
dans la masse, et qui appartiendra exclusivement à l'un
des cohéritiers, au lieu qu'autrement il aurait été ré-
parti sur tous. Le mineur ne profitera donc jamais du
bénéfice que lui accorde l'article 710, et c'est bien impossible ! — Il est d'ailleurs de la nature, de l'essence
d'une servitude d'être conservée pour tous les copropriétaires, tant qu'elle est conservée pour un seul. Conservée pour un seul ou pour plusieurs, elle est en effet conservée pour le fonds, et conservée pour le fonds, elle est
conservée pour tous. Enfin on ne conteste pas qu'aux termes de l'article 709, et même après un partage, la
jouissance de l'un des cohéritiers empêche la prescription de courir contre les autres ; or, les expressions de

l'article 710 sont aussi énergiques que celles de l'article 709 : *Il aura conservé le droit de tous les autres ;* les raisons sont identiques ; il faut décider de même (1) !

IV

Extinction par renonciation ou remise.

La loi ne parle pas de ce mode d'extinction ; mais nous n'hésitons pas à l'admettre, parce qu'il n'est que l'expression du droit le plus légitime, du droit qu'a chacun de disposer de ce qui lui appartient.

La remise ou renonciation sera valable si elle est faite par le propriétaire du fonds dominant, et s'il a le pouvoir de disposer de ses immeubles. Un pouvoir d'administrateur, celui par exemple du tuteur ou du mari, ne suffirait pas. C'est un des effets de l'indivisibilité des servitudes que la renonciation ne puisse être faite que du consentement de tous les copropriétaires du fonds dominant, et au profit de tous les copropriétaires du fonds servant, et cela encore que l'objet de la servitude soit divisible en fait. Au surplus, que la remise de la servitude soit faite par un seul des copropriétaires, et elle aura encore cette double utilité d'empêcher le renonçant de réclamer pour sa part, durant l'indivision, l'exercice de la servitude, et d'en opérer de plein droit l'extinction après le partage, si l'héritage auquel elle est due tombe dans le lot du renonçant.

La remise peut être expresse ou tacite. Expresse,

(1) En ce sens, arrêts de la cour de Riom du 5 décembre 1840, et de la cour de Nancy du 29 novembre 1851.

elle se règle par l'acte qui la contient, et qui en détermine les conditions ; elle peut avoir lieu soit à titre gratuit, soit à titre onéreux, sous l'application des lois qui régissent les actes à titre gratuit et les actes à titre onéreux. Pour que la remise soit tacite, il faut qu'elle résulte d'un consentement ou d'une autorisation quelconque, donnés par le propriétaire du fonds dominant, et qui supposent *nécessairement* de sa part l'intention de renoncer à son droit (1). La remise ne doit pas en effet se présumer, et on ne peut l'induire que d'actes non équivoques, par exemple, de l'autorisation accordée de faire des travaux dont l'existence serait contraire à la servitude.

Dans cette hypothèse, il faut reconnaître que l'extinction par renonciation ou par remise, s'il s'agit de servitudes continues, se confondra presque complétement avec l'extinction par le non-usage (2). Cependant il ne faut pas confondre les deux cas. L'extinction par le non-usage ne s'opérerait que par trente ans durant lesquels aurait existé l'acte contraire à la servitude. Mais si les circonstances démontrent qu'il y a eu remise de la part du propriétaire du fonds dominant, s'il a non-seulement vu, mais approuvé les travaux, la servitude sera éteinte de suite, et bien avant que les trente ans ne soient accomplis, parce qu'alors pour l'éteindre le non-usage n'est plus nécessaire. Ce sera souvent une question de fait fort délicate à décider que celle de savoir si la construction des ouvrages donne au proprié-

(1) M. Demolombe, servitudes, n° 1041.
(2) Art. 707.

13

taire du fonds servant le droit, pour se libérer, d'exciper du non-usage ou de la remise tacite du propriétaire voisin.

Le consentement donné par le propriétaire du fonds dominant à la vente du fonds servant ne suffirait pour que l'on pût en conclure qu'il a fait remise de son droit. Il faudrait, pour que ce résultat fût atteint, que l'acte de vente contînt une renonciation formelle, comme la loi a pris soin de l'exiger à propos de l'usufruit (1).

Les circonstances décideront, d'ailleurs, en l'absence du titre, de l'étendue de la remise, et des personnes qui peuvent en profiter. Il est possible que la renonciation soit faite *in rem* ou *in personam*; il est possible aussi qu'elle amène l'extinction de la servitude, ou seulement qu'elle y apporte une modification ou une restriction ; si, par exemple, la servitude est complexe, si, comme des textes latins nous en fournissent l'exemple, elle comprend le *jus non œdificandi*, et le *jus stillicidii recipiendi*, il sera intéressant de savoir si la remise a embrassé ces deux droits, ou si elle n'en a embrassé qu'un seul, et cette dernière hypothèse, la plus probable des deux, ne pourra être démentie que par les faits les plus explicites et les plus probants.

La remise de la servitude, pas plus que sa constitution, ne sauraient nuire aux droits des créanciers hypothécaires, auxquels, soit le fonds dominant, soit le fonds servant, auraient été hypothéqués avant, ou même seulement depuis l'établissement de cette ser-

(1) Art. 621.
(2) Dig., livre 8, titre 2, loi 21.

vitude. Le débiteur ou le tiers détenteur ne pourraient pas, en effet, aliéner la propriété de manière à leur causer préjudice (1). Il ne doit pas non plus pouvoir, à leur détriment, créer des droits réels sur l'héritage, ou à l'inverse, en diminuer la valeur en renonçant à des avantages appartenant à ce fonds. Le véritable droit des créanciers hypothécaires, en présence d'actes semblables, ne consisterait pas dans la possibilité de recevoir une somme d'argent, déclarée par experts l'équivalent de ce qu'ils auraient perdu ; ils auraient le droit de faire vendre l'immeuble sans avoir égard à la constitution de servitude, s'il y a eu constitution, ou sans avoir égard à la renonciation qui en aurait été faite, s'il y a eu renonciation. C'est le seul parti qui sauvegarde d'une façon complète les droits des créanciers hypothécaires, car, autrement, ils ont à craindre d'abord les chances de l'expertise, ensuite l'insolvabilité du tiers détenteur ou de l'acquéreur de la servitude.

Quelques auteurs, cependant, n'accordent aux créanciers hypothécaires que la ressource d'une indemnité pécuniaire, déterminée par experts (2).

V

Extinction par l'expiration de terme ou par l'événement de la condition sous lesquels elle avait été établie.

À Rome, et dans le pur Droit romain, les servitudes devaient avoir une durée perpétuelle, comme l'héritage auquel elles étaient jointes ; on ne pouvait les établir

(1) Art. 2166.
(2) M. Pardessus, t. 2, n° 245.

neque ex tempore, neque ad tempus, neque sub conditione, neque ad certam conditionem ; cependant, à l'aide de certaines exceptions, le préteur avait trouvé le moyen de faire respecter, à cet égard, la volonté des parties (1).

La liberté, qui, dans notre droit moderne, préside de la façon la plus complète à toutes les relations des hommes entre eux et à toutes leurs conventions, exige que les servitudes, comme l'usufruit, puissent être constituées à terme ou sous condition (2), et alors, la servitude s'éteint, bien entendu, soit par l'expiration du terme, soit par l'arrivée de la condition. Le titre devra toujours être consulté, et déterminera, en définitive et d'une façon souveraine, dans quelle mesure et à l'égard de quelle personne l'extinction se produira.

En vertu de ces principes, il me paraît incontestable que les parties pourront constituer une servitude, en stipulant que la faculté de rachat appartiendra au propriétaire du fonds servant, qui pourra l'exercer soit par lui-même, soit, la servitude ayant un caractère réel, par l'un de ses successeurs. Il est bien entendu que la restriction apportée par la loi en matière de vente, et dont il résulte que le réméré doit être exercé dans les cinq années (3), ne saurait être appliquée par analogie

---

(1) *Servitutes ipso quidem jure neque en tempore, neque ad tempus, neque sub conditione, neque ad certam conditionem (verbigratiâ quandiù volam) constitui possunt : sed tamen, si hæc adjiciantur, pacti, vel per doli exceptionem occurretur, contra placita servitutem vindicanti.* (Dig., livre 8, titre 1, loi 4, princip.

(2) Art. 580 et 617.

(3) Art. 1660 et 1661.

à cette constitution de servitude. Le motif n'est plus d'ailleurs le même ; l'art. 1660 a pour but d'empêcher que l'incertitude sur l'état définitif de la propriété ne se prolonge, mais la loi ne peut vouloir limiter la faculté qu'aurait un propriétaire de libérer son fonds. On a même soutenu que le droit d'user du réméré en matière de servitude devrait être imprescriptible, et échapper à la règle de l'art. 2262. C'est aller trop loin : le texte déclare que toutes les actions, tant réelles que person- nelles, seront prescrites par trente ans, et on ne peut exiger du propriétaire du fonds dominant qu'il soit pour toujours à la discrétion du propriétaire du fonds servant, lequel peut agir ou ne pas agir, sans cependant que son inaction puisse être considérée comme un acte de pure tolérance (1).

V I

Extinction par la résolution du droit du concédant ou du concessionnaire.

L'art. 2125 s'exprime ainsi :

« Art. 2125. — Ceux qui n'ont sur l'immeuble qu'un droit suspendu par une condition, ou résoluble dans certains cas, ou sujet à rescision, ne peuvent con- sentir qu'une hypothèque soumise aux mêmes condi- tions ou à la même rescision »

Cette règle de bon sens, que la loi a consignée dans cet article à propos des hypothèques, aurait pu être reproduite à propos de tous les autres droits réels, et

(1) Art. 2232.

particulièrement des servitudes, à tel point que, sans s'arrêter au silence de la loi, il faut suppléer cette disposition dans notre matière :

Soluto jure dantis, solvitur jus accipientis.

La résolution peut être envisagée soit dans la personne du constituant, soit dans la personne du conces-sionnaire ; elle doit toujours procéder d'une cause antérieure à l'établissement de la servitude, et résulter d'une volonté étrangère à celle de l'une des parties, car il ne peut leur appartenir de modifier de leur propre mouvement leur situation respective.

M. Demolombe fait remarquer que la maxime *Soluto jure dantis, solvitur jus accipientis,* opère d'une façon plus énergique et plus absolue, en ce qui concerne la constitution des servitudes qu'en ce qui concerne l'aliénation de la propriété elle-même : et, en effet, la loi nous dit (1) qu'au lieu de se faire en nature, le rapport des immeubles se fera en moins prenant, s'ils ont été aliénés par le donataire; tandis que s'il n'a fait que les grever de servitudes, le rapport sera dû en nature (2), c'est-à-dire que les aliénations subsisteront, tandis que les droits consentis seront caducs (3).

Les aliénations sont favorables aux yeux du législateur, parce que leur fréquence intéresse le crédit public; tandis qu'il n'y a rien de favorable dans les charges anormales imposées à la propriété.

Nous avons dit que la résolution du droit, emportant

(1) Art. 859.
(2) Art. 865.
(3) M. Demolombe, servitudes, t. 2, page 609

extinction de la servitude, peut être envisagée dans la personne du concessionnaire, et cela est vrai ; seulement les auteurs se partagent sur le point de savoir si cette résolution emportera réellement extinction de la servitude.

Voici une espèce : Paul a consenti une servitude au profit de Jacques ; le droit de Jacques est résolu, et Pierre prend sa place. Pierre conservera-t-il la servitude que Jacques a reçue de Paul?

La négative s'appuie sur les raisons suivantes (1) : L'article 1119 déclare que, quand on contracte en son propre nom, on ne peut contracter valablement que pour soi ou ses héritiers; en sorte que pour contracter valablement au profit d'un tiers, il faut agir au nom de ce tiers à titre de mandataire ou de gérant d'affaires.

Or, le propriétaire dont le droit est résolu n'est pas le mandataire de celui qui prend sa place, et qui n'est pas non plus son héritier. De plus, le propriétaire qui arrive à la suite de la résolution du droit de son prédécesseur ne serait pas obligé de respecter la constitution qui aurait été faite d'une servitude ; donc il ne peut profiter de celle qui a été concédée.

L'affirmative répond (2) : Jacques, dans l'espèce, n'a pas stipulé en son propre nom ; l'art. 1119 ne lui est pas applicable ; il a stipulé pour le fonds, et il avait le droit de l'améliorer, et toutes les améliorations qu'il a réalisées appartiennent directement au fonds et indirectement à tous les propriétaires du fonds : la servitude

(1) M. Duranton, t. 5, nos 554 et 678.
(2) Marcadé, t. 2, no 678 bis.

qui lui a été concédée doit donc subsister même après la résolution de son droit. Il est vrai que si, au lieu de recevoir une servitude, il en avait accordé une, son successeur pourrait la faire tomber ; mais cela tient à ce qu'il pouvait agir dans l'intérêt du fonds, mais non à son détriment.

Enfin, entre ces deux systèmes se place un système intermédiaire et moins absolu qui nous paraît devoir réunir les suffrages (1). Le système de la négative est contraire aux précédents. Pothier (2) disait, après le droit romain (3) : *La servitude ne s'éteint pas par l'extinction du droit du propriétaire de l'héritage dominant, qui l'a acquise pour cet héritage; car il en a pu faire la condition meilleure,* D'un autre côté, le système de l'affirmative peut être manifestement contraire à la volonté des parties. De là une distinction. Si la servitude a été acquise bien et certainement pour le fonds, *in rem,* elle subsistera, même après la résolution du droit de celui à qui elle aura été concédée, dans l'intérêt non pas direct, mais indirect de ses successeurs. Elle s'éteindra, au contraire, s'il apparaît clairement qu'elle n'a été accordée qu'en vue d'un propriétaire, et comme par une sorte de terme, tant que durerait le droit de ce propriétaire.

La résolution du droit du constituant ou du concessionnaire serait sans influence sur le sort de la servi-

(1) M. Demolombe, servitudes, t. 2, n° 1050.
(2) Introduction au titre 13 de la coutume d'Orléans.
(3) Dig., livre 8, titre 6, loi 11, ar. 1.

tude si elle avait été acquise par l'usage, ce qui suppose qu'il s'agit d'une servitude continue et apparente.

Les causes qui peuvent amener la résolution ou la rescision du droit, soit du constituant, soit du concessionnaire, sont infiniment nombreuses. Donation révoquée pour cause de survenance d'enfants, réduction, rapports, rescision de la vente pour cause de lésion, et beaucoup d'autres. Ce n'est pas ici le lieu de les examiner en détail. Il y a cependant une cause de résolution dont nous voulons dire quelques mots, parce qu'elle diffère essentiellement de toutes les autres : c'est la condition résolutoire tacite, toujours sous-entendue dans les contrats synallagmatiques, aux termes de l'art. 1184 : *La condition résolutoire est toujours sous-entendue dans les contrats synallagmatiques, pour le cas où l'une des deux parties ne satisfera pas à son engagement.* La vente d'une servitude peut être faite sous une condition résolutoire expresse ; mais comme c'est un contrat synallagmatique, elle est toujours faite sous la condition résolutoire tacite.

Or, l'art. 1184 contient de notables différences entre la condition résolutoire expresse et la condition résolutoire tacite, différences qui trouveront ici leur place, comme partout ailleurs. Les voici :

1° En cas de condition résolutoire tacite, *le contrat n'est pas résolu de plein droit. La partie envers laquelle l'engagement n'a point été exécuté, a le choix ou de forcer l'autre à l'exécution de la convention lorsqu'elle est possible, ou d'en demander la résolu-*

tion avec dommages-intérêts. — En cas de condition résolutoire expresse, la résolution a lieu de plein droit, et il n'y a que la résolution qui puisse suivre l'événement de la condition ;

2° En cas de condition résolutoire tacite, *la résolution doit être demandée en justice, et il peut être accordé au défendeur un délai selon les circonstances.* — Il n'est pas nécessaire, lorsqu'il s'agit d'une condition résolutoire expresse, que la résolution soit prononcée en justice, et la justice, si elle est consultée, ne peut pas accorder de délais ;

3° Dans le premier cas, la partie vis-à-vis de laquelle les engagements n'ont pas été exécutés, peut renoncer à la résolution ; — elle ne le peut dans le second cas ;

4° Dans le premier cas, la résolution ne peut pas être invoquée par des tiers, tant que la partie trompée n'a pas fait prononcer cette résolution. Paul a vendu une servitude à Pierre ; Pierre ne l'a pas payée : personne ne peut considérer la servitude comme éteinte dans les mains de Pierre, tant que Paul n'a pas agi en justice. — Dans le second cas, l'inverse devrait être admis.

En résumé, toutes les règles de la loi sur la condition résolutoire tacite doivent être appliquées en matière de servitudes, si elles ont été constituées au moyen d'un contrat synallagmatique.

On peut se demander, à propos de la résolution du droit du constituant ou du concessionnaire, quel serait l'effet d'une saisie pratiquée sur un fonds grevé ou jouissant d'une servitude, eu égard à l'existence de cette servitude (1).

Cette question a préoccupé vivement nos anciens auteurs, et l'ancienne jurisprudence a laissé de nombreux monuments en ce qui la concerne.

Le droit romain (2) admettait que si l'héritage servant ou l'héritage dominant étaient vendus par autorité de justice, les servitudes n'en subsistaient pas moins, parce qu'elles étaient vendues, *cum suâ conditione*. Cette législation était donc de la plus grande simplicité.

L'ancien droit français avait voulu être plus complet; il fut aussi plus compliqué : *En la vente des immeubles saisis*, dit Loyseau, *nous y faisons beaucoup plus de façon et de cérémonie qu'au droit romain* (3). Matière importante et difficile, la saisie immobilière, depuis Beaumanoir, qui, le premier, a laissé sur ce point quelques documents d'une certaine importance, jusqu'à la loi du 21 mai 1858, a été l'objet d'une infinité de travaux qui ont constamment cherché à la simplifier et à l'améliorer; nous n'en rapporterons ici que ce qui sera indispensable pour l'intelligence de notre question.

Le jugement d'adjudication prenait le nom de dé-

---

(1) Il est bien entendu que les servitudes ne peuvent pas être saisies *principaliter ;* seulement elles doivent suivre le sort du fonds dont elles dépendent.

(2) Dig., livre 8, titre 3, loi 23, par. 2.—*Si fundus serviens, vel is. cui servitus debetur, publicaretur, utroque casu durant servitutes : quia cum suâ conditione quisque fundus publicaretur.*

(3) Déguerpissement, III, VII, 16.

cret (1). *Décret d'adjudication*, dit Claude de Ferrières, *est le jugement qui autorise la vente qui se fait en justice au plus offrant et dernier enchérisseur, d'un héritage saisi réellement* (2).

Il ne faut pas confondre le décret forcé et le décret volontaire. *Le décret forcé*, dit encore le même jurisconsulte, *est celui qui se fait involontairement à la poursuite d'un créancier, qui a fait saisir réellement* (3) *un héritage ou autre immeuble appartenant à son débiteur qui est en demeure de payer.* — *Le décret volontaire est celui qui se fait du consentement des parties sur le vendeur afin de purger les hypothèques et de mettre l'acquéreur en sûreté* (4).

Il était généralement admis que le décret volontaire ne purgeait jamais, et cela sans aucunes distinctions, les servitudes. Il en fut de même des lettres de ratification qui remplacèrent la procédure du décret volontaire (5).

(1) Cette expression paraît empruntée à la procédure du droit romain. Des auteurs pensent en rencontrer l'étymologie dans le décret du magistrat, exigé à Rome, pour l'aliénation volontaire des biens du mineur. M. Tambour (Voies d'exécution sur les biens, t. 2, p. 141, note), pense qu'elle se trouve plutôt dans le décret d'envoi en possession, dans ces décrets, par exemple, qui étaient nécessaires en droit romain, pour l'envoi en possession *damni infecti causâ*.

(2) Claude de Ferrières, Dictionnaire de droit, v° *décret forcé*.

(3) Dans l'ancien droit, la saisie immobilière prenait le nom de saisie réelle.

(4) Claude de Ferrières, v° *décret volontaire*.

(5) Voilà, d'après Claude de Ferrières, en quoi consistait cette procédure assez bizarre : *L'on convenait souvent, dans une vente d'immeubles, que le vendeur ne toucherait le prix de l'héritage qu'après le décret volontaire qui serait fait, et quand l'acquéreur aurait été en conséquence adjudicataire. Alors l'acquéreur crée une dette imaginaire au profit d'un ami qui en donne une contre-lettre. En conséquence de cette obligation simulée, l'acquéreur*

Le décret volontaire n'était donc autre chose qu'un moyen d'arriver à la purge des hypothèques (1), tandis que le décret forcé était bien véritablement une saisie immobilière.

Cette saisie immobilière devait-elle opérer la purge des servitudes ? Telle était la question.

L'art. 12 de l'édit de 1551 sur *les criées* disait que *tous héritages criés seront adjugés à la charge des droits et devoirs seigneuriaux, frais et mises desdites criées, et des charges réelles et foncières qui seront contenues ès-jugements de discussion;* d'où il suit que les charges réelles et foncières, et par conséquent les servitudes, pour lesquelles on n'aura pas formé d'opposition (2), seront purgées par le décret, c'est-à-dire qu'elles disparaîtront après l'adjudication.

de l'héritage se fait faire par son ami un commandement pour payer, et, sur le refus, cet ami saisit réellement l'immeuble sur l'acquéreur; ensuite, à l'exception du bail judiciaire (c'est à dire de la nomination exigée par le plus grand nombre des coutumes d'un commissaire chargé de percevoir les fruits et revenus de l'héritage saisi), on fait les criées et le reste de la procédure, comme dans un décret forcé jusqu'à l'adjudication. (Dictionnaire de droit, v° décret.)

(1) La procédure du décret volontaire était extrêmement difficile et ruineuse, et les inconvénients pratiques s'en firent sentir. L'édit de 1771, rendu sous Louis XV, a substitué à cette procédure celle des *lettres de ratification,* qu'il fut dès lors permis de prendre pour purger les hypothèques ou privilèges. (Art. 37.) L'acquéreur exposait son titre d'acquisition; les créanciers du vendeur devaient se faire connaître et former opposition *aux lettres de ratification.* (Art. 8 et 9.) Ils pouvaient requérir une surenchère, et étaient payés sur le prix, suivant l'ordre. S'il n'y avait pas d'opposition dans les délais fixés, *les lettres de ratification* étaient scellées purement et simplement à la chancellerie, et l'immeuble purgé.

(2) L'opposition dont il est ici question n'était qu'un incident de la procédure. On reconnaissait quatre sortes : 1° L'opposition à fin d'annuler, formée par le saisi ; 2° L'opposition à fin de distraire, formée par un tiers qui revendiquait l'immeuble saisi; 3° L'opposition à fin de charge, celle

Cependant, à cette règle très-générale, Merlin nous indique qu'il avait été fait des exceptions, que l'on peut résumer dans la distinction suivante (1) : 1° s'il s'agissait de servitudes apparentes, le décret ne les purgeait pas encore qu'il n'eût pas été fait à leur égard *d'opposition à fin de charges*, parce qu'on supposait qu'à raison de leur nature, l'adjudicataire n'avait pas pu ignorer leur existence (2) ; 2° s'il s'agissait au contraire de servitudes non-apparentes, comme les mêmes raisons n'existaient plus, on appliquait purement et simplement l'art. 12 de l'édit de 1551 que nous venons de citer (3). L'opposition était alors nécessaire pour conserver les servitudes, parce que, dit Loysel (4) : *Un décret nettoie toutes hypothèques et droits, fors les censuels et feudaux.*

Cette jurisprudence, qui était celle du parlement de Paris, peut être considérée comme celle qui dominait en définitive dans notre ancien droit. Il y avait pourtant quelques coutumes qui ne l'admettaient pas ; c'est ainsi que Basnage, dans son commentaire sur la coutume de Normandie, après avoir rapporté fort en détails la distinction précitée, s'exprimait ainsi : *En*

dont nous nous occupons, formée également par des tiers qui prétendaient avoir sur cet immeuble des charges, comme une servitude ; 4° *L'opposition à fin de conserver*, formée par les créanciers hypothécaires qui ne voulaient pas qu'on partageât sans eux le prix de l'adjudication.

(1) Merlin, Répertoire de jurisprudence, v° *servitude*, section 31, par. 1.

(2) Goujet, Traité des criées, part. 2, chap. 4, n° 83, et Denisart, v° *Saisie réelle.*

(3) Coutume de Paris, commentateurs sur l'article 355.

(4) Loysel, règle 904.

Normandie, comme le décret ne se passe point au préjudice des droits réels, et qu'il ne purge que les droits et actions hypothécaires, je n'estime pas qu'il fallût s'opposer pour les servitudes prédiales..... Et, plus loin, il en donne la raison : *La chose n'est censée vendue qu'en l'état où elle se trouve,* cum suo habitu, statu, qualitatibus (1).

Toujours est-il que, dans l'ancien droit, pour les servitudes non apparentes, et à l'égard desquelles il n'y avait pas eu d'opposition, le décret forcé, c'est-à-dire la saisie immobilière, était une cause d'extinction.

Mais il n'en est plus de même dans notre droit, sous l'empire du Code, qui nous a ramenés aux principes du droit romain.

L'art. 731 de l'ancien Code de procédure avait disposé de la manière suivante : *L'adjudication définitive ne transmet à l'adjudicataire d'autres droits à la propriété que ceux qu'avait le saisi.* Dans la nouvelle rédaction qui fut donnée par la loi du 2 juin 1841 à la place de la législation primitive sur la saisie immobilière, l'art. 731 dut disparaître ; mais l'art. 717 du nouveau Code le reproduisit à peu près textuellement dans son premier alinéa : *L'adjudication ne transmet à l'adjudicataire d'autres droits à la propriété que ceux appartenant au saisi.*

Il faut donc décider que, maintenant, la saisie immobilière pratiquée sur un fonds grevé ou jouissant d'une servitude, n'éteint plus cette servitude, encore

(1) Basnage, sur l'article 578, cout. de Normandie.

même que le propriétaire de cette servitude n'ait pas
fait *opposition à fin de charge*. La loi ne refuse cependant pas à ce propriétaire le droit d'intervenir par
surcroît de précautions dans la procédure de saisie
immobilière, et de faire insérer dans le cahier des
charges une clause relative à la conservation ; mais
cela n'est pas nécessaire, et n'a pas été spécialement
réglé par la loi. Le propriétaire de la servitude peut
ignorer la saisie du fonds dont elle dépend, car aucun
acte ne lui sera signifié ; il est donc possible qu'il n'in-
tervienne pas ; mais l'adjudication elle-même ne porte
aucune atteinte à ses droits, qu'il pourra revendiquer
contre l'adjudicataire, de même que le propriétaire
peut revendiquer son immeuble saisi sur un autre, et
adjugé (1).

La loi du 21 mai 1858 sur la procédure de la saisie
immobilière et de l'ordre, n'a rien changé à ses principes. Elle a reproduit l'art. 717, tel qu'il se trouvait
dans le Code.

VII

Extinction par expropriation pour cause d'utilité publique,
de l'héritage dominant ou de l'héritage servant.

L'art. 538 s'exprime ainsi : « Les chemins, routes
« et rues à la charge de l'État, les fleuves et rivières
« navigables ou flottables, les rivages, lais et relais de
« la mer, les ponts, les havres, les rades, et générale-
« ment toutes les portions du territoire français qui ne

(1) Boitard, leçons de procédure civile, t. 2, p. 382, 6ᵉ édition.—Anno-
tations de M. Colmet-d'Aage.

« sont pas susceptibles d'une propriété privée sont
« considérés comme des dépendances publiques. »

Il est donc bien certain, aux termes de cet article,
que lorsque le fonds dominant ou le fonds servant devient l'objet d'une expropriation pour cause d'utilité
publique, la servitude qui poit grever l'un ou l'autre
se trouvera éteinte. Cette extinction ne devra pas, bien
entendu, nuire au propriétaire du fonds dominant, soit
que le propriétaire du fonds servant ait vendu son héritage à l'amiable, soit qu'il en ait été véritablement
exproprié ; et voici à cet égard les mesures qui ont été
prises par la loi du 3 mai 1841, qui forme le Code de
cette matière.

Art. 21. « Dans la huitaine qui suit la notification
« prescrite par l'art. 15, le propriétaire est tenu d'ap-
« peler et de faire connaître à l'administration les fer-
« miers, locataires, ceux qui ont des droits d'usufruit,
« d'habitation ou d'usage, tels qu'ils sont réglés par
« le Code civil, et ceux qui peuvent réclamer des ser-
« vitudes résultant des titres mêmes du propriétaire ou
« d'autres actes dans lesquels il serait intervenu. »

Si le propriétaire exproprié négligeait cette indication, il serait seul chargé de toutes les indemnités à
payer aux personnes intéressées, indemnités que l'administration acquittera au contraire, si elle est préve-
nue à temps. Elle notifie aux personnes intéressées,
dans l'hypothèse qui nous occupe, au propriétaire de
la servitude, les sommes qu'elle offre à fin d'indemnités, et cette notification est affichée et publiée (1).

(1) Art. 6, loi du 3 mai 1841.

14

Dans la quinzaine suivante, les propriétaires ou autres intéressés sont tenus de déclarer leur acceptation, ou, s'ils n'acceptent pas les offres qui leur sont faites, d'indiquer le montant de leurs prétentions (1). Si les offres de l'administration ne sont pas acceptées dans les délais prescrits, l'administration citera devant le jury, qui sera convoqué à cet effet, les propriétaires et tous les autres intéressés qui auront été désignés, ou qui seront intervenus, pour qu'il soit procédé au règlement des indemnités de la manière indiquée au chapitre suivant (2).

Les règles spéciales à l'expropriation proprement dite, doivent, comme nous l'avons déjà dit, être étendues au cas où le propriétaire du fonds servant a cédé sa propriété à l'amiable (3).

(1) Art. 24.
(2) Art. 28.
(3) Arrêt du Conseil d'État du 15 janvier 1850.

APPENDICE

De la Prescription du mode de la Servitude par le non-usage.

Nous avons terminé tout ce qui concerne les causes d'extinction des servitudes, et à ce propos nous avons traité longuement de l'influence du non-usage, prolongé pendant le délai légal. Mais le non-usage peut produire sur les servitudes un autre effet que l'extinction ; il peut en changer la nature et le mode d'exercice, et c'est de cet effet que nous avons maintenant à nous occuper.

Voici à cet égard comment s'exprime la loi :

Art. 708. Le mode de la servitude peut se prescrire comme la servitude même et de la même manière.

Cette règle est une innovation introduite dans le droit moderne; ni le droit romain ni l'ancienne jurisprudence ne la reconnaissaient.

Le principe admis en droit romain était que l'usage de la servitude, lorsqu'il avait existé d'une manière quelconque, suffisait pour conserver la servitude toute entière (1). Cette législation avait inspiré nos anciens auteurs, qui tous émettent des opinions conformes (2). L'un d'eux, Basnage (3), s'exprimait ainsi, en citant

---

(1) Dig., livre 8, titre 5, loi 9, par. 1. — Dig., livre 8, titre 6, loi 2, loi 8, par. 1, et loi 9.

(2) Pothier, Introduction au titre 13 de la coutume d'Orléans, n° 18.— Lalaure, livre 1, chap. 12.

(3) Basnage, Commentaire sur la coutume de Normandie, art. 607.

des textes latins à l'appui : *Il suffit aussi de retenir la servitude en partie, parce qu'elle est individue ; c'est assez de passer par un endroit d'un chemin, ou de faire couler l'eau sur une partie de l'héritage pour conserver ses servitudes, parce que je m'en peux servir selon ma commodité, et comme je le trouve à propos.*

Ainsi que le fait observer M. Demolombe (1), Domat paraît être le seul auteur qui ait adopté le système que le Code lui a sans doute emprunté : *Les servitudes, disait-il, se perdent par la prescription, ou elles sont réduites à ce qui en est conservé par la possession pendant le temps suffisant* (2). Toujours est-il que sur ce point Domat était moins logique que les autres jurisconsultes. L'ancien droit, repoussant l'établissement des servitudes au moyen de la prescription (3), ne devait pas non plus permettre que la prescription pût en modifier l'exercice ; car, dans certains cas, elle aurait pu arriver, tout en éteignant la servitude, à en créer une nouvelle, dans le cas, par exemple, où l'usage qui aurait eu lieu, sans diminuer l'utilité ou l'émolument de la servitude, aurait opéré un changement dans l'assignation du temps ou du lieu de son exercice.

Le tribunal de Toulouse, dans ses observations sur le projet de Code qui lui avait été soumis, avait bien aperçu l'union intime qui existait entre ces deux systèmes, et alors qu'il demandait la suppression de l'ar-

---

(1) Domat, lois civiles, livre 1, titre 12, sect. 6, n° 5.
(2) M. Demolombe, t. 2, art. 1021.
(3) Art. 186 de la coutume de Paris. — Art. 607 de la coutume de Normandie.

ticle 43 du projet, consacrant la possibilité d'établir
les servitudes par la prescription, il demandait en même
temps la suppression de l'art. 59 correspondant à notre
art. 708 (1). Il ne fut pas fait droit à cette réclamation ;
les rédacteurs du Code ayant dérogé sur le premier point
à l'art. 186 de la coutume de Paris, et à toute la jurisprudence ancienne, n'étaient que rigoureusement logiques
dans leur dérogation sur le second point. Basnage invoque l'indivisibilité des servitudes ; mais il est évident que
l'objection ne pouvait pas être décisive, car, puisque le
non-usage total de la servitude peut s'éteindre entièrement, on doit admettre que le non-usage partiel puisse
l'éteindre partiellement. Si c'est là une dérogation à
l'indivisibilité des servitudes, elle est fondée sur l'intention présumée ou la négligence des parties, comme
tous les faits engendrant la prescription, et sur la faveur
que mérite la libération des fonds.

Les termes de l'art. 708 sont d'une interprétation très-
simple. *Le mode de la servitude peut se prescrire
comme la servitude même et de la même manière.* Le
mode ou les modes d'une servitude, ce sont les différentes manières dont elle peut être exercée. Le droit
de passage est-il permis pour les piétons, les cavaliers
ou les voitures ? Peut-il s'exercer le jour ou la nuit ? Le
droit de prise d'eau est-il limité aux besoins de la
maison ou à ceux de la culture ? Voilà des questions relatives au mode de la servitude. Le mode, continue
notre article, peut se prescrire comme la servitude

(1) Analyse des observations des tribunaux d'appel et du tribunal de
cassation sur le projet de Code civil, pages 424 et 425.

même, c'est-à-dire par le non-usage, pendant trente ans (1). Il se prescrira de la même manière, c'est-à-dire que les trente ans commenceront à courir du jour où la jouissance aura cessé, s'il s'agit de servitudes discontinues, ou du jour où il aura été fait un acte contraire, s'il s'agit de servitudes continues.

Malgré sa simplicité apparente, l'art. 708 peut donner naissance à un certain nombre de questions assez ardues.

Pour plus de clarté, nous distinguerons différentes hypothèses que nous examinerons en les appliquant successivement au cas où il s'agira de servitudes continues ou apparentes, lesquelles peuvent s'acquérir par prescriptions, et au cas où il s'agira de servitudes discontinues, apparentes ou non apparentes, lesquelles ne peuvent pas s'acquérir par prescription (2).

I. La manière dont la servitude a été exercée, sans diminuer l'utilité de la servitude, a opéré un changement dans l'assignation du lieu ou du temps de son exercice; et il s'agit d'une servitude discontinue, apparente ou non apparente : j'avais le droit de passer sur telle partie du fonds A, et j'ai passé sur telle autre partie du même fonds. Ou bien, j'avais le droit d'y passer la première moitié de la journée, et j'y ai passé la seconde.

Dans ces circonstances, qu'y a-t-il d'acquis; qu'y a-t-il de perdu, en supposant que cette interversion ait duré trente ans?

_____

(1) Art. 706.
(2) Art. 691.

A cette question, la réponse qui semble la plus simple et la plus conforme au droit est celle-ci : La servitude qui avait été concédée par le titre se trouve éteinte, puisqu'elle n'a pas été exercée pendant trente ans (1) ; et, d'autre part, aucune servitude n'a pu être acquise à la place de celle qui est perdue, puisque dans l'espèce il s'agit d'une servitude discontinue que la prescription est impuissante à fonder (2). Cette argumentation est extrêmement sérieuse, et il n'est pas étonnant qu'elle ait entraîné un grand nombre d'auteurs, tant parmi les modernes que parmi les anciens. Elle est irréprochable selon la lettre de la loi, et si ses résultats sont empreints de quelques rigueurs, ce n'est pas, suivant les jurisconsultes dont nous parlons, une raison suffisante pour la repousser. *Dura lex, sed lex.*

M. Demolombe (3) pense cependant, et, si je ne me trompe, c'est avec raison, qu'il n'est pas impossible de concilier les exigences de la loi avec celles de l'équité, et d'arriver à une solution aussi juridique, mais moins rigoureuse pour le propriétaire du fonds dominant.

Le savant auteur propose la distinction suivante : *Ou bien, l'assignation, soit de lieu, soit de temps, déterminée pour l'exercice de la servitude, est limitative et forme l'un des éléments constitutifs et essentiels du droit lui-même ; ou, au contraire, cette assignation est purement démonstrative et réglementaire, et n'a eu, dans l'intention des parties, qu'un but*

(1) Art. 706.
(2) Art. 691.
(3) Servitudes, t. 2, 1031.

*secondaire et accessoire, à savoir, de régler seulement
la manière dont le droit sera exercé.*

Dans le premier cas, tout sera perdu et rien ne sera
acquis; autrement il faudrait décider, au mépris de
l'art. 691, qu'il y a eu acquisition d'une servitude nouvelle. Dans le second cas, au contraire, la servitude
continuerait d'exister, mais serait modifiée en ce sens
qu'au lieu de s'exercer dans l'endroit et à l'heure consignée dans le titre, elle s'exercerait dans l'endroit et
à l'heure résultant de la possession.

Cette distinction nous paraît admissible. Si la dési-
gnation du lieu et de l'heure n'a pas constitué dans
l'intention des parties un des éléments essentiels du
droit lui-même, on peut facilement séparer le droit de
ce qui n'est que l'accessoire, que la manière de l'exercer. Le droit n'est pas éteint, puisqu'il ne peut s'éteindre que par le non-usage, et que dans l'espèce il y a
eu usage; il ne faut donc pas se préoccuper de cette
idée que le droit à une servitude discontinue ne peut
être fondé par la prescription ; il n'y a point eu acquisition d'un droit nouveau, et c'est toujours en vertu du
titre constitutif que le droit existe. Il y a eu un changement, une modification; mais ils ne portent que sur la
manière d'exercer le droit, et de même que si le titre
n'eût pas indiqué ce mode, l'art. 691 n'eût pas empêché, même pour une servitude discontinue, que la prescription vînt le déterminer, de même il ne doit pas empêcher que la prescription puisse le modifier (1). Il y a

(1) En ce sens, arrêt de la Cour de cassation du 23 juillet 1855.

bien une difficulté, mais c'est une difficulté pratique, et si délicate qu'elle me paraisse, si difficile qu'il puisse être de la trancher, je conçois qu'elle n'embarrasse pas le théoricien.

Dans quel cas l'assignation du lieu et du temps ne sera-t-elle qu'accessoire? Dans quel cas sera-t-elle principale? Il est bien évident que c'est une question que les circonstances décideront le plus souvent. Peut-être pourrait-on prendre pour guide, dans cette détermination, les idées suivantes : L'assignation ne sera qu'accessoire, s'il paraît être entré dans l'intention des parties que l'on pût la changer, au cas où un accident de force majeure contraindrait à s'écarter de la première qui aura été fixée ; de même si le propriétaire du fonds servant n'a pas d'intérêt à ce que la servitude s'exerce plutôt en un lieu qu'en un autre, plutôt à une heure qu'à une autre ; de même encore et plus sûrement si l'assignation n'a été faite que par un acte postérieur au titre constitutif de la servitude.

En résumé, si à la place d'une servitude discontinue concédée par un titre, il a été possédé sans titre, non pas une autre servitude, mais la même servitude avec un mode différent, le propriétaire du fonds dominant aura perdu son droit sans en acquérir un nouveau si le mode primitif de la servitude contre lequel il a prescrit était essentiel à son existence: au contraire, il aura conservé son droit, mais avec les modifications conformes à sa possession trentenaire, si ce droit était bien distinct et bien indépendant de son exercice. Mais, dans ce dernier cas, il ne me paraît pas possible d'admettre, bien que ce soit soutenu (1), que la servitude puisse se comporter d'une autre manière que celle qui résulte de la prescription. Le propriétaire du fonds assujetti ne pourrait donc, à l'égard du propriétaire du fonds dominant, ni faire revivre l'assignation primitive, ni en provoquer une nouvelle concertée entre eux. Nous avons reconnu ici à la prescription la même force qu'en droit commun, et le principe ne doit pas fléchir devant l'application ; ce qui est prescrit est irrévocablement acquis.

II. La manière dont la servitude a été exercée, sans diminuer l'utilité de la servitude, a opéré un changement dans l'assignation du lieu ou du temps de son exercice, et il s'agit d'une servitude continue et apparente. J'avais le droit d'ouvrir une fenêtre sur telle partie du fonds A, et, durant trente ans, j'en ai conservé une ouverte sur telle autre partie du même fonds.

Les servitudes continues et apparentes pouvant s'acquérir par prescription (2), il paraît fort simple de répondre que, dans notre hypothèse, la servitude concédée par le titre sera éteinte, tandis que sera acquise celle dont la possession aura duré trente ans.

Cependant si le propriétaire du fonds servant était un mineur, et que la prescription par conséquent ne pût pas courir contre lui (3), il faudrait décider en principe que la première servitude serait perdue par suite

(1) M. Duranton, t. 5, n° 608.—M. Dupret, Revue de Droit français et étranger, t. 3, p. 836.
(2) Art. 690.
(3) Art. 2252.

du non-usage, et qu'elle ne serait pas remplacée par une autre. Il faudrait toutefois faire à cet égard à peu près les mêmes distinctions que celles que nous venons d'établir ; la servitude ne serait donc pas perdue, elle serait donc seulement modifiée, s'il était constant que les modifications qu'elle a subies ne sont pas assez importantes pour constituer un droit et un assujettissement nouveau. C'est donc là encore une question de fait et d'interprétation pour la solution de laquelle les tribunaux auraient un pouvoir souverain.

III. La modification qui a été apportée dans l'exercice de la servitude constitue une diminution quant à son utilité, et il s'agit d'une servitude continue et apparente. Le titre, par exemple, donne au propriétaire du fonds dominant le droit d'ouvrir quatre fenêtres d'aspect sur le fonds A, et pendant trente ans il n'y a eu que deux fenêtres qui fussent ouvertes.

Aucune difficulté ne peut surgir sur cette hypothèse, et il est certain qu'au bout de trente années une partie de la servitude sera éteinte par le non-usage au profit du propriétaire du fonds assujetti, qui se trouvera ainsi partiellement libéré. Il n'aura plus à souffrir la servitude qu'au moyen de deux fenêtres qui sont restées ouvertes, mais la servitude existera encore dans cette limite ; car *tantùm præscriptum quantùm possessum.* Dans l'espèce, il y a eu, pour satisfaire à toutes les exigences de la loi, d'abord le laps de temps, ensuite l'acte contraire à la servitude (1), la fermeture des

(1) Art. 707.

deux fenêtres, et nous avons démontré que cet acte pouvait être fait par le propriétaire du fonds dominant; toutes les conditions du non-usage sont donc remplies, et il doit produire ses conséquences.

IV. La modification qui a été apportée dans l'exercice de la servitude constitue une diminution quant à son utilité, et il s'agit d'une servitude discontinue. Le propriétaire du fonds dominant avait le droit de passer sur le fonds A, à pied, à cheval ou en voiture, ou bien à toute heure du jour ou de la nuit, et pendant trente ans il n'a passé qu'à pied, ou bien il n'a passé que le jour.

Le droit de passer à cheval ou en voiture, et le droit de passer la nuit est-il perdu?

La solution affirmative est la plus généralement suivie, et elle s'appuie sur le raisonnement que voici : « D'après l'art. 708, le mode de la servitude se prescrit comme la servitude même et de la même manière, c'est-à-dire que lorsqu'il s'agit d'une servitude discontinue, elle se perd par le non-usage de trente ans, et le délai commence à courir du jour où la jouissance a cessé (2), sans qu'il soit besoin d'acte contraire. Or, dans notre espèce, si le propriétaire du fonds dominant n'avait pas du tout exercé la servitude, il l'aurait perdue tout à fait; il a donc dû en perdre une partie lorsqu'il ne l'a exercée que partiellement; pendant trente ans il n'a passé qu'à pied, il ne pourra plus désormais passer qu'à pied, de même que s'il n'avait pas passé

_____

(1) M. Duranton, t. 5, n° 606.—Marcadé, sur l'art. 708, n° 674.
(2) Art. 707.

du tout, il aurait perdu pour l'avenir tout droit de passage. Un autre système consacrerait la violation la plus flagrante de l'art. 708, qui indique une corrélation étroite entre la manière dont se perdra la totalité de la servitude et celle qui en fera perdre une partie.

Je pense ici encore, avec M. Demolombe (1), que ce système est injuste. L'ancien droit le consacrait, il est vrai, mais dans une hypothèse toute spéciale, ainsi que nous le montre Basnage, et qu'il ne faut pas élargir : *Si celui qui a droit de chemin à pied, à cheval, à charrue et charrette y passe seulement à pied durant le temps préfix pour la prescription de la liberté, sera-t-il censé avoir conservé le droit d'y passer à cheval et avec charrette? L'on fait cette distinction, que si ces droits ont été donnés par titres séparés, le droit de l'un ne se conserve point par la possession de l'autre; mais s'ils sont compris sous un même titre, il suffit d'y avoir passé à pied pour conserver le droit d'y passer à cheval et avec charrette* (2). Rien n'est plus rationnel que cette distinction : si les différents modes de la servitude ont été considérés par les parties comme des droits distincts, l'usage de l'un n'empêchera pas le non-usage de l'autre; mais si ces différents modes ne sont que les alternatives de l'exercice d'un droit unique abandonnées au choix du propriétaire du fonds dominant, dès que la servitude est exercée d'une manière quelconque, elle est conservée

(1) M. Demolombe, Servitudes, t. 2, p. 1026.

(2) Basnage, coutume de Normandie, comment. sur l'art. 607.

pour le tout. La distinction de Basnage est donc fort sage, et il faut l'adopter.

Le propriétaire du fonds dominant était libre de passer à pied, à cheval ou en voiture, libre de passer le jour ou la nuit ; en passant de l'une de ces manières ou à l'un de ces moments, il a empêché le non-usage, car, ainsi que le dit fort exactement M. Demolombe, il a exercé l'option qui résultait de son titre, et qui constituait son droit. Il n'y avait pas de délai passé lequel il dût être privé de cette option ; il n'y a donc pas de moment où l'on puisse dire qu'il y a renoncé, et dès lors le point de départ vient à manquer à la prescription, et il ne peut y avoir de prescription. Quand la prescription de son droit pourra-t-elle commencer contre lui ? Quand il apparaîtra qu'il a renoncé à son droit d'option. La preuve en peut résulter d'un grand nombre de faits, comme, par exemple, d'une opposition de la part du propriétaire du fonds servant au passage du propriétaire voisin de l'une des manières, ou à l'une des heures qu'il aura choisies, comme encore d'une habitude bien constante et fondée d'une façon non équivoque sur l'insuffisance de son droit qu'aurait eue le propriétaire du fonds dominant de n'exercer la servitude que d'une manière ou à une heure unique. Mais ces faits seront forcément d'une appréciation fort délicate. Ce qui serait incontestable en faveur du propriétaire du fonds servant, ce serait d'abord le titre établissant que le propriétaire du fonds dominant n'a aucune option à faire, mais qu'il a plusieurs droits distincts, et que, par conséquent, l'exercice de l'un ne peut valoir l'exercice de l'autre ; ensuite le doute ne serait pas non plus permis, si le propriétaire du fonds servant avait fait un acte contraire à la servitude, si, par exemple, il avait fermé le passage. Je sais bien que, lorsqu'il s'agit de servitudes discontinues, il n'est pas nécessaire pour que la prescription puisse courir qu'il ait été fait un acte par opposition au droit du propriétaire du fonds dominant ; aussi ne l'exigera-t-on pas dans tous les cas ; et, lorsqu'il se rencontrera, ne sera-t-il pas considéré comme un des éléments essentiels de la prescription, mais seulement comme marquant indubitablement son point de départ.

Une dernière hypothèse possible, et la plus simple de toutes, c'est celle où on n'a pas usé du tout de la servitude... Dans ce cas, la servitude est éteinte (1). Si on a exercé une autre servitude que celle qui était due, celle qui a été exercée sera acquise si elle est continue et apparente, car alors elle est susceptible de prescription (2) ; elle ne sera pas acquise au contraire, si c'est une servitude discontinue, parce qu'alors la prescription ne lui est pas applicable (3). Dans le cas où la servitude sera perdue, faut-il décider que ce qui est l'accessoire de cette servitude est également perdu ? Oui, en principe. Ainsi, un droit de passage accessoire d'un droit de puisage qui n'a pas été exercé sera éteint en même temps que lui. Mais il faut prendre garde et changer la solution, s'il est démontré que ces deux droits sont des droits distincts.

(1) Art. 706.
(2) Art. 690.
(3) Art. 691.

POSITIONS.

Droit Romain (matières de la thèse).

I. On nomme fonds ruraux les champs et les bâtiments qui servent à leur exploitation, et fonds urbains les bâtiments, cours et jardins qui sont situés à la ville.

II. Les servitudes urbaines sont celles qui entraînent une idée de superficie ; les servitudes rurales sont celles dont l'existence ne dépend que du sol.

III. Il n'y a pas antinomie entre la loi 8, princip. titre 6, livre 8, et la loi 21, titre 2, livre 8.

IV. Les pactes et les stipulations ne peuvent constituer les servitudes comme droits réels.

V. La réforme de Justinien, relative à l'extinction des servitudes par le non-usage, n'a trait qu'aux délais dans lesquels cette extinction s'opérera.

Droit Romain (matières étrangères à la thèse).

VI. La *justa causa* et la *bona fides* sont deux conditions distinctes de l'usucapion.

VII. Le défendeur à l'action en revendication, qui ne possédait pas au moment de la litiscontestation, mais qui possède au moment du jugement, doit être condamné s'il ne restitue pas la chose avec les fruits qu'elle a produits depuis le jour où il a commencé à posséder. —

15

Ne font obstacle à cette décision ni la loi 27, par. 1, *de rei vindicatione* (Dig.), ni la loi 23 *de judiciis* (Dig.).

VIII. La société n'est une personne morale que lorsque ce caractère lui a été attribué par une consécration du pouvoir souverain.

IX. On peut acquérir la possession *corpore* sans qu'il soit nécessaire de supposer un rapport physique résultant du contrat.

X. Deux créanciers à hypothèque générale, s'ils ont contracté à des époques différentes, ne concourront pas ensemble sur les biens à venir.

Droit Français (matières de la thèse).

XI. Les servitudes naturelles et légales ne constituent pas de véritables servitudes.

XII. L'art. 2265 est applicable à l'acquisition des servitudes par la prescription.

XIII. Les art. 692 et 694 signifient que si la servitude est continue et apparente, il n'y aura pas besoin pour que les servitudes soient rétablies par destination du père de famille de représenter l'acte de séparation, tandis que cette représentation sera nécessaire si la servitude n'est qu'apparente.

XIV. Le délai dont il est parlé dans les art. 665 et 704 constitue une véritable prescription.

XV. L'exercice restreint d'une servitude discontinue ne fait perdre la partie de la servitude qui n'est pas exercée, que s'il a été fait un acte contraire ; le propriétaire du fonds dominant, par cet exercice partiel, n'a pas de plein droit perdu l'exercice total.

Droit Français (matières étrangères à la thèse).

XVI. Les aliénations et les hypothèques consenties par un héritier apparent ne sont pas valables à l'égard de l'héritier véritable.

XVII. La transcription du mariage contracté à l'étranger, et qui doit être faite dans les trois mois du retour du Français en France, n'est pas exigée dans l'intérêt des tiers, mais dans l'intérêt des époux.

XVIII. Le mari ne peut provoquer le partage des biens dotaux, ou y répondre, sans le concours de sa femme.

XIX. Le jugement rendu à l'étranger a force de chose jugée en France; il ne lui manque que la force exécutoire.

XX. Le Code n'a pas reproduit l'ancienne maxime : *Contra non valentem agere, non currit præscriptio.*

Procédure civile.

XXI. Les juges peuvent accorder des délais au débiteur, même lorsque le créancier est muni d'un titre exécutoire, à moins qu'il n'y ait eu un jugement de condamnation.

XXII. Les juges peuvent, en accordant plusieurs délais au débiteur, contraindre le créancier à recevoir des paiements partiels.

XXIII. Le créancier qui, dans sa demande, n'a conclu qu'au paiement du capital, et qui, *pendente lite*, conclut au paiement des intérêts, a droit à ces intérêts du jour de sa demande.

Droit pénal.

XXIV. Il est nécessaire, pour constituer la tentative d'escroquerie, qu'il y ait eu remise effective des sommes, valeurs, ou autres objets de l'escroquerie.

XXV. La légitime défense existe même lorsqu'il n'y a pas danger pour la vie, mais elle n'existe pas s'il y a seulement danger pour les biens.

XXVI. Lorsque la criminalité d'un fait est aggravée par une circonstance personnelle à l'auteur principal, le complice n'en doit pas porter la peine.

Droit commercial.

XXVII. Dans aucun cas la femme ne peut faire le commerce sans le consentement de son mari.

XXVIII. Les actes passés par une femme mariée, marchande publique, sont, jusqu'à preuve contraire, réputés étrangers à son commerce.

XXIX. La société en participation est une personne juridique.

Droit administratif.

XXX. L'autorisation accordée par l'administration d'établir un atelier incommode ou insalubre, ne fait pas obstacle à ce que les voisins se pourvoient devant la juridiction civile pour obtenir une indemnité.

XXXI. L'auteur d'un dictionnaire biographique, composé d'articles signés par différentes personnes, n'est pas privé de ses droits d'auteur.

XXXII. Les personnes qui ont droit à une indemnité pour cause d'expropriation, et que le propriétaire exproprié n'est pas tenu de désigner à l'administration, ne conservent aucun recours contre ce propriétaire, si elles se font connaître après le délai légal.

Droit des Gens.

XXXIII. Tout Français, créancier d'un gouvernement étranger, peut former en France une saisie-arrêt sur les fonds appartenant à ce gouvernement.

XXXIV. Les intérêts stipulés en pays étrangers peuvent être exigés en France, bien qu'ils excèdent le taux fixé par la loi française.

XXXV. Le défendeur étranger n'a pas le droit d'exiger la caution *judicatum solvi*.

Histoire du Droit.

XXXVI. Ce ne fut pas seulement dans un but fiscal que fut faite la constitution de Caracalla, qui étendit le titre de citoyens à tous les habitants de l'empire.

XXXVII. La part que prit la royauté dans l'affranchissement des communes, exagérée par l'ancienne école, a été amoindrie dans la nouvelle.

XXXVIII. Le système de transmission de la couronne chez les Francs tenait à la fois du principe électif et du principe héréditaire.

Vu par le président de la thèse,
DE VALROGER.

Vu par le doyen,
C. A. PELLAT.

Permis d'imprimer,
Le vice-recteur de l'Académie de la Seine,
ARTAUD.

ERRATUM.

Page 153, 24ᵉ ligne. Au lieu de : L'art. 694 ne s'appliquerait plus aux contrats, car la loi ne se sert pas du mot *contracte*; il ne s'appliquerait qu'aux actes de pure disposition; lisez : L'art. 694 ne s'appliquerait qu'aux contrats, car la loi ne se sert que du mot *contracte*; il ne s'appliquerait pas aux actes de pure disposition, tels que le testament.

TABLE DES MATIÈRES

Droit Français.

4084 Typographie et Lithographie RENOU et MAULDE, rue de Rivoli, 144.

www.ingramcontent.com/pod-product-compliance
Lightning Source LLC
Chambersburg PA
CBHW071651200326
41519CB00012BA/2478